数字化时代的采集存储

① 什么是电子影像系统

电子影像系统：
实现单据实物流、影像流、数据流的“三流合一”

系统功能

- 影像采集
- 任务处理
- 影像上传
- 影像查询

智能化技术应用

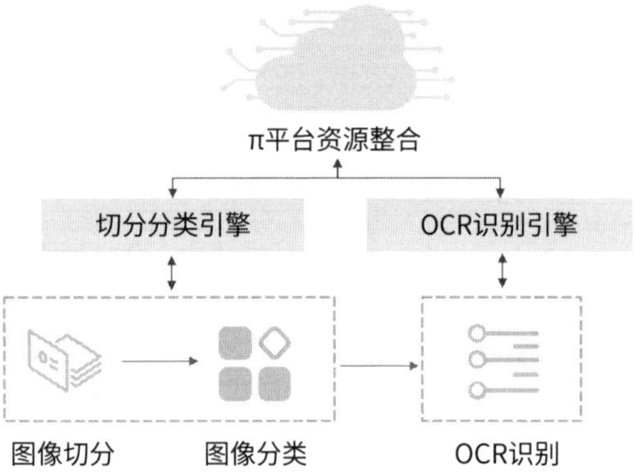

②电子影像管理流程

- 通用影像管理流程
- 特殊影像管理流程
  - 影像退回
  - 单据补扫、替扫、重扫

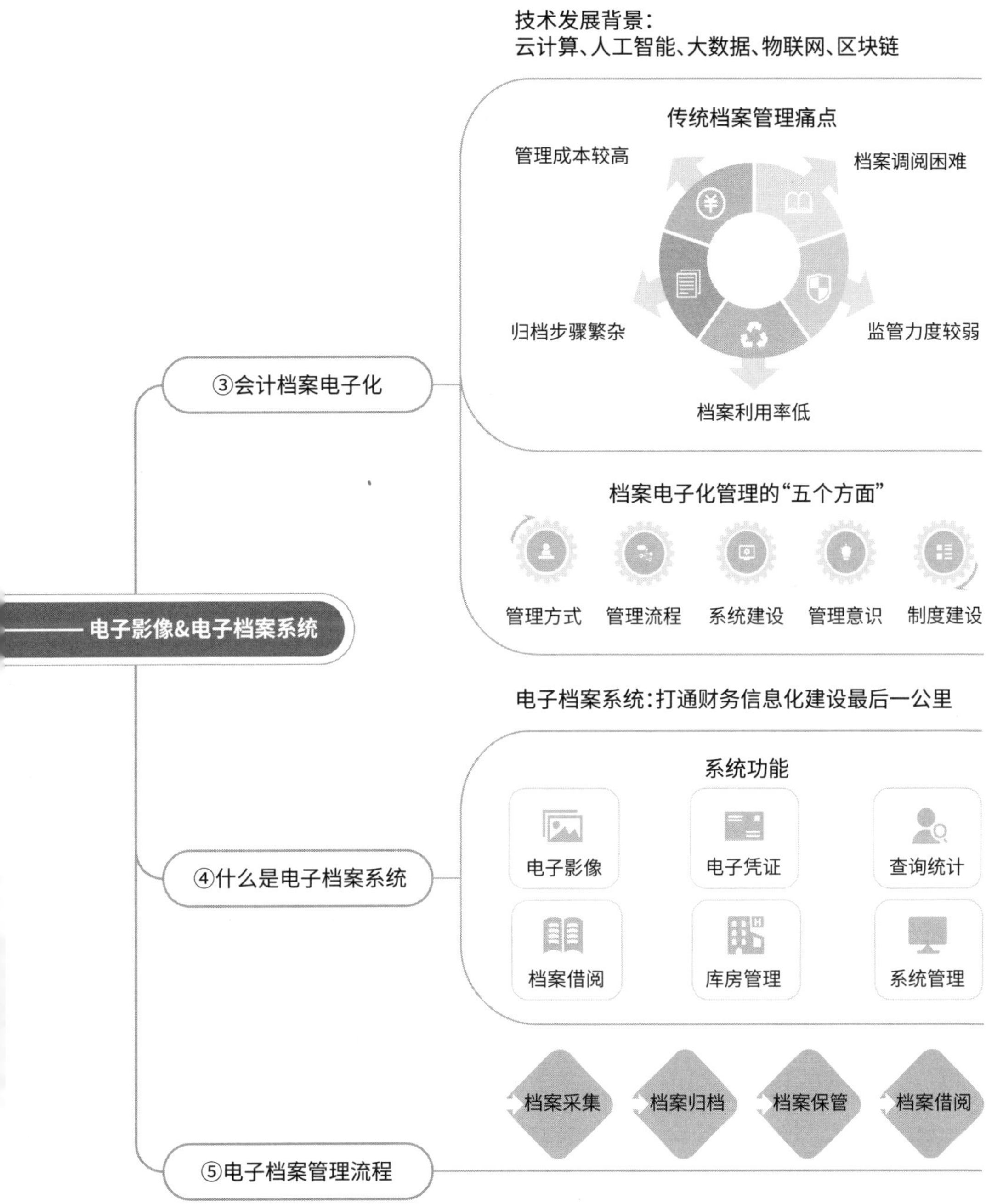
电子影像&电子档案系统
③会计档案电子化
技术发展背景：
云计算、人工智能、大数据、物联网、区块链
传统档案管理痛点
管理成本较高
档案调阅困难
归档步骤繁杂
监管力度较弱
档案利用率低
档案电子化管理的“五个方面”
管理方式
管理流程
系统建设
管理意识
制度建设
④什么是电子档案系统
电子档案系统：打通财务信息化建设最后一公里
系统功能
电子影像
电子凭证
查询统计
档案借阅
库房管理
系统管理
⑤电子档案管理流程
档案采集
档案归档
档案保管
档案借阅

财务云丛书

中兴新云 中国企业 全球梦想 财务云 Financial Cloud

数字化时代的采集存储

——电子影像&电子档案系统

孙彦丛 郭奕 扶冰清 ◎ 著

中国财经出版传媒集团
中国财政经济出版社

图书在版编目（CIP）数据

数字化时代的采集存储：电子影像&电子档案系统/孙彦丛，郭奕，扶冰清著. --北京：中国财政经济出版社，2021.6

（财务云丛书）

ISBN 978-7-5223-0515-8

Ⅰ.①数… Ⅱ.①孙… ②郭… ③扶… Ⅲ.①会计档案-电子档案-档案管理-研究 Ⅳ.①F230

中国版本图书馆CIP数据核字（2021）第077202号

责任编辑：马　真　　　　责任校对：徐艳丽

封面设计：智点创意　　　　责任印制：党　辉

数字化时代的采集存储——电子影像&电子档案系统

SHUZIHUA SHIDAI DE CAIJI CUNCHU——DIANZI YINGXIANG & DIANZI DANG'AN XITONG

中国财政经济出版社 出版

URL：http：//www. cfeph. cn

E-mail：cfeph@ cfeph. cn

社址：北京市海淀区阜成路甲28号　邮政编码：100142

营销中心电话：010-88191522

天猫网店：中国财政经济出版社旗舰店

网址：https：//zgczjjcbs. tmall. com

北京密兴印刷有限公司印刷　各地新华书店经销

成品尺寸：170mm×240mm　16开　11.75印张　190 000字

2021年6月第1版　2021年6月北京第1次印刷

定价：58.00元

ISBN 978-7-5223-0515-8

（图书出现印装问题，本社负责调换，电话：010-88190548）

本社质量投诉电话：010-88190744

打击盗版举报热线：010-88191661　QQ：2242791300

《数字化时代的采集存储——电子影像 & 电子档案系统》课题组

主要成员：

孙彦丛　郭　奕　扶冰清

其他参与成员：

禹　萌　王沫萱　郭　静　徐珂欣

序

技术进步一直驱动着企业的发展。20 世纪 40 年代，世界上第一台计算机的诞生拉开了第三次产业革命的序幕。90 年代，互联网拉近了企业内部各部门，以及和外部利益相关者之间的距离。如今，以“大智移云物区”为代表的新兴技术蓬勃发展，构建了一个紧密联结的数字化世界，深刻地影响着企业的业务创新、运营管理和经营策略。

在过去几十年间，财务同样经历了几次重大的变革。第一次革命是会计电算化的普及，会计电算化用小型数据库和简单计算机软件取代了部分人工核算工作，实现了财务传统计算能力和存储能力的巨大飞跃。第二次革命是 ERP 系统的广泛应用，促进了业务财务一体化，使业务管理与财务管理开始在一个平台上产生信息交互。第三次革命是财务共享服务中心的出现，促进财务实现组织转型、职能转型，并通过信息系统重构，使财务可以支撑和实现多地域、多行业发展的管理诉求。按照通信的术语来说，财务共享服务带来了企业管理的“交换机”和“路由器”，它将前端的业务系统分流程与财务系统连接起来，而“大智移云物区”等技术的出现，推动了财务第四次革命——财务的数字化转型。

财务本质上是一个信息循环，是收集、存储、加工财务数据的信息系统，并与企业主价值链建立广泛连接，从而支持业务循环和管理循环。财务信息化的本质是利用信息系统支撑财务职能及财务循环，承载财务九大流程（销售到收款、采购到支付、费用到报销、存货到成本、员工薪酬、总账到报表、固定资产、资金管理、税务管理），并通过与前端业务系统的联通对接，使数据可以在已有系统中“自如流动”。企业能采集的数据越来越多，处理能力越来越强大，财务发挥企业战略和经营“仪表盘”和“导航仪”的作用就越来越明显。因此，财务信息化是财务数字化转型的必然基础。

我和我的团队亲身经历和参与了中国会计事业的改革与发展。我们依靠自身力量在中国企业中最早完成财务转型，建立了中国企业第一个共享服务中心，第一个提出“财务云”的概念，率先将通信技术的理念融入财务系统，并根据技术发展不断升级迭代。一路走来，我们清晰地意识到，财务信息化是推动我国新一轮会计变革的起点，所以我们希望借助自身的经验帮助更多中国企业，帮助他们拥有世界级能力。在过去的十几年间，我们已为国内200余家大型企业提供适应市场环境和符合业务需求的财务共享服务、财务信息化和财务数字化方案。同时，我们也希望为中国财会行业进步与人才培养贡献力量，于是我们出版了《财务云丛书》，发表了近百篇重点文章和洞察报告，与国内各大高等院校、学术与教育机构建立了深入合作关系。

当然，培养新时代的会计人才，需要合适的方法和专业的“教材”。为此，我们规划了首批的五本专著，分别是《数字化时代的全员体验——费用报销系统》《数字化时代的财务中台——共享运营系统》《数字化时代的采集存储——电子影像 & 电子档案系统》《数字化时代的控制矩阵——预算管理 & 合同管理系统》和《数字化时代的业财一体——业务报账系统》。其内容依托中兴新云 FOL 财务云信息系统，采用“理论 + 实务”“流程 + 信息系统”的编写形式，用通俗易懂的语言，将财务工作流程和内容直观地呈现在读者面前，帮助读者了解业财一体化，快速搭建起财务与信息化的连接，建立起财务信息化的思维体系和知识底座，理解信息化建设对于数字化转型的关键价值，并促进财会行业人才发展迈上新台阶。

数字化浪潮已在眼前，这是对全社会生产生活方式的又一次革命，也是财务行业和财务人员面临的又一次变革。当变革来临，我们需要的是拥抱未知的勇气和敢为天下先的决心，用知识武装头脑，用经历丰富人生，用洞见破除困难，用信念面对挑战。财务人员不应该仅局限于处理“票账表钱税”，而应该是善于学习、勤于思考、能够破译企业价值密码的先行者，这才是财务最令人心向往之的未来。

中兴新云总裁　陈虎

2021 年 3 月

前 言

技术的进步引领时代的变革，科学技术的每一次突破都是撬动人类社会进步的杠杆。新兴技术在生产和生活领域的广泛应用，对竞争环境、商业模式及企业管理方式产生了深刻的影响，推动了企业转型的进程。财务管理作为企业转型的重要支撑手段，是组织转型和业务转型下实现资源优化配置的有效工具。财务部门作为企业所有交易和信息的记录者，是企业天然的数据中心。因此，财务的数字化是企业数字化的起点。

技术和信息系统是财务数字化转型的两大重要支撑。“大智移云物”、区块链等技术对财务变革的影响尤为显著，企业依靠这些新兴技术汇总数据，分析提炼，将结果以可视化的方式展现出来，使经营者透过现象看到本质。信息系统是技术的载体，新技术的应用需要通过信息系统得以实现，信息系统也需要依托新兴技术达成自身的更新换代。在数字化转型过程中，企业需要不断调整财务信息系统框架与具体系统功能，通过自主研发，将新技术嵌入相应的系统中，使技术搭载系统实现更先进的功能。

《财务云丛书》以财务云信息系统平台（简称“财务云平台”）为依托，将企业财务业务的核心内容划分为多个“域”，本次推出的5种图书内容涵盖了费用报销域、共享运营域、影像档案域、财务控制域以及业务报账域。《数字化时代的全员体验——费用报销系统》以费用为基础，展示费用管理的审批流、核算流、内控流、资金流、数据流及其系统实现等内容；《数字化时代的财务中台——共享运营系统》涵盖共享运营系统及运营管理，指导企业应如何通过信息化技术高效运营和管理财务共享服务中心；《数字化时代的采集存储——电子影像 & 电子档案系统》主要展示了影像系统及档案系统的功能点及其应用场景，剖析影像档案系统如何筑起坚实的信息壁垒，使企业的财务及业务数据形成一个完整的、安全的闭环，实现会计档案电子化管理；《数字化时代的控制矩阵——预算管理 & 合同管理系统》体现了企业如何通过信息化技术实现多个维度、多流程节点的内部控制，促进财务与业务处理的合规高效；《数字化时代的业财一体——业务报账系统》以销售、采购、资产、薪酬、资金、税务、总账等多个业务为切入点，深入剖析了企业如何借助信息系统实现业财一体化。

本书是影像档案域的相关业务及信息化知识读本，全书共6章，分为电子影像篇和电子档案篇。电子影像篇包含2章内容，第1章从基本概念、产生背景、系统定位等维度阐述了电子影像系统，其中重点介绍了影像系统的功能和配置，具体展示信息化如何助力影像的高效采集；第2章主要描述单据及影像的流转路径，包括通用单据影像管理流程以及影像退回时的处理方法。电子档案篇包含4章内容，第3章介绍了纸质会计档案及档案管理的基础知识；第4章基于会计档案电子化的实施背景，分析企业进行档案电子化改革的实现路径；第5章阐述了实现档案全流程数字化管理的平台——电子档案系统，包括系统的定位、功能、系统配置、外部接口及其应用价值；第6章描述了企业如何借助电子档案系统，实现会计档案的线上采集、归档、保管、借阅和鉴定销毁等管理流程。

本书面向档案管理信息化与数字化相关领域的从业人员，以企业会计档案电子化转型为背景、以信息系统为核心，阐述了企业如何依托电子影像系统和电子档案系统实现实物流、影像流、数据流三流合一，实现会计档案的线上线下并行管理。希望本书能够帮助读者了解企业会计档案全生命周期的管理，并为企业实现档案数字化的采集和存储提供经验借鉴。

目　　录

第一篇　电子影像篇

第 1 章　电子影像系统 …… 3
1.1　电子影像系统的产生背景 …… 4
1.2　什么是电子影像系统 …… 4
1.3　电子影像系统功能及系统配置 …… 7
1.4　电子影像对接的外部系统 …… 22
1.5　电子影像系统应用价值 …… 23
本章小结 …… 24
本章练习题 …… 25

第 2 章　影像管理流程 …… 27
2.1　通用影像管理流程 …… 27
2.2　特殊影像管理流程 …… 32
本章小结 …… 35
本章练习题 …… 35

第二篇　电子档案篇

第 3 章　会计档案与档案管理 …… 41
3.1　什么是会计档案？ …… 41
3.2　会计档案管理 …… 42
本章小结 …… 63
本章练习题 …… 64

第 4 章　会计档案电子化 …… 66
4.1　会计档案电子化背景 …… 66

4.2 档案电子化 …… 72
4.3 如何实现档案电子化 …… 74
本章小结 …… 77
本章练习题 …… 77

第5章 电子档案系统 …… 79
5.1 什么是电子档案系统? …… 79
5.2 电子档案系统功能 …… 80
5.3 电子档案对接的外部系统 …… 89
5.4 电子档案系统建设实施过程 …… 91
5.5 电子档案系统应用价值 …… 93
本章小结 …… 94
本章练习题 …… 95

第6章 电子档案管理流程 …… 97
6.1 档案采集 …… 98
6.2 档案归档 …… 101
6.3 档案保管 …… 106
6.4 档案借阅 …… 109
6.5 档案鉴定销毁 …… 112
本章小结 …… 119
本章练习题 …… 119

附录

附录A 增值税专票电子化——打通财税数字化最后一公里 …… 125
附录B 《国家税务总局关于在新办纳税人中实行增值税专用发票电子化有关事项的公告》解读 …… 144
附录C 关于规范电子会计凭证报销入账归档的通知 …… 150
附录D 会计档案管理办法 …… 152
附录E 《会计档案管理办法》解读 …… 158
各章练习题参考答案 …… 166
参考文献 …… 168
作品知识产权与法律责任声明 …… 171

第一篇

电子影像篇

第 1 章　电子影像系统

本章学习目标

本章围绕电子影像系统，首先引入了电子影像系统的产生背景，其次详细介绍了电子影像系统的定位、系统功能、系统配置以及对接的外部系统，最后阐述了电子影像系统在企业中的应用价值。

通过本章的学习，应掌握：

◇　电子影像系统的概念与定位

◇　电子影像系统的功能与配置

本章知识结构图（见图 1－1）

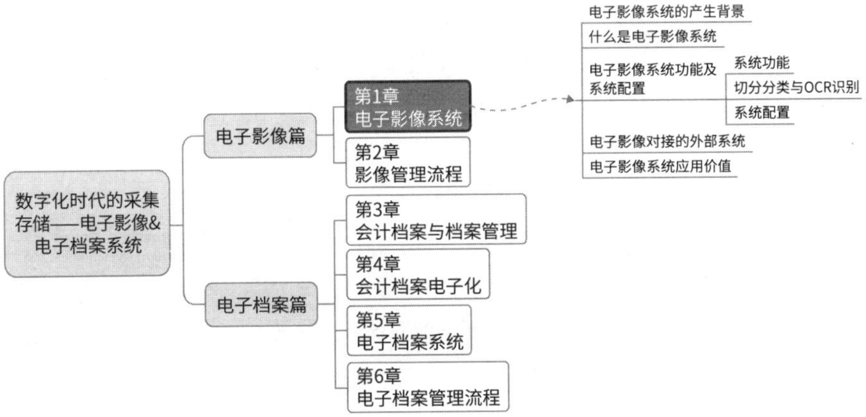

图 1－1　第 1 章框架导图

1.1 电子影像系统的产生背景

在经济发展不断推动会计进步的同时，科技的进步也极大地改变着会计处理和财务报告的方式。共享服务中心的建立，开启了财务数字化转型的第一步，财务业务处理模式由原来的各地分散化处理，转变为集中处理。尽管企业借助财务共享服务中心完成了业务处理模式升级，但是财务工作的集中化处理对会计档案管理方式和效率提出了更高的要求，传统纸质档案的管理耗费共享服务中心大量的人力、物力，新时期企业会计档案管理面临新的挑战。

当前，在OCR识别、高速扫描等高新技术的成熟应用和国家发票电子化政策的驱动之下，企业依据电子影像进行业务处理的时代已经来临。电子影像系统将合同、报账、财务核算等横跨预算、核算、结算等环节的各类实物单据转换为电子影像，实现凭证单据电子和实物相结合的管理模式，以此提升财务核算、凭证单据管理的效率（见图1-2）。

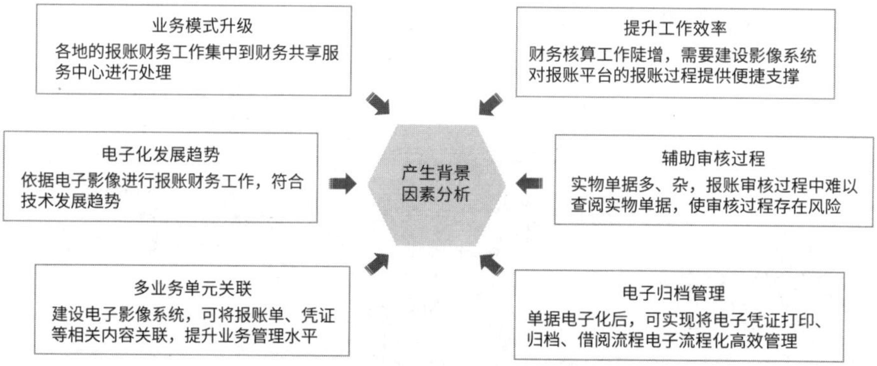

图1-2 电子影像系统产生背景

1.2 什么是电子影像系统

企业的财务信息系统可以分为四个层面，分别是业务层、核算层、管理层和决策层。

业务层信息系统覆盖企业的主价值链流程，支撑企业的业务发展，主要为业务人员所使用，但业务系统在设计时也需要充分考虑财务需求，将财务所需数据和信息的采集节点都放在业务前端，在业务人员进行业务处理的过程中，产生的数据和信息传递至财务信息系统。业务层信息系统包括客户关系管理系统（Customer Relationship Management，简称CRM）、供应商关系管理系统（Supplier Relationship Management，简称SRM）等。

核算层信息系统支持财务会计交易处理、财经报告、资金管理、税务管理的职能，主要处理来源于企业业务系统与用于财务交易处理的数据，可以提供多种供企业内、外部使用的财务报告和财务信息。

其中核算层信息系统也称作财务云平台，财务云平台主要包括业财连接、财务控制、共享核心、会计核算、资金管理和税务管理六大模块，各模块中的信息系统通过接口互通互联，以确保业务全流程线上流转。

➢ 业财连接模块可以智能化采集前端业务信息，打通业务数据与财务数据的线上通道，节省采集时间，提高采集效率，便于业务人员操作。

➢ 财务控制模块包含预算控制系统和合同结算系统，该模块可以内嵌管控规则，保障业务规范可控。

➢ 共享核心模块系统主要有报账系统（包含业务报账和费用报销两个模块）、电子影像、电子档案、智能采集、智能审核和共享运营六大系统，借助这些系统可以规范业务流程和操作，提升运营效率和质量，沉淀数据和信息。

➢ 会计核算模块能够向公司股东、政府、债权人等提供所用的财务报告和信息，包括会计核算系统、合并报表系统、信息披露系统，会计核算模块的系统与企业内外部各业务系统、共享运营系统、资金管理系统存在着复杂的数据交互关系。

➢ 资金管理模块的系统是资金流、资金调度、资金结算和运作管理的信息系统，与会计核算系统、业务系统、银行系统对接，实现资金的全流程管理。资金管理系统功能一般包括账户管理、资金计划管理、资金结算、银企直联、资金监控、银企对账、票证管理、债务管理、外汇管理等。银企直联是资金管理系统中的重要模块之一，有的企业会单独使用一套“银企直联”系统，以提升资金结算效率。

➢ 税务管理模块包括企业进行税务结算、税务申报、税务管理的财务信息系统，一般包括税务政策维护、税务数据采集、税务核算、审核、汇总、税务报表、纳税申报及税务预测分析等功能，涵盖企业的间接税管理、直接税以及转移定价管理等内容，是企业税务管理和分析的平台。

管理层信息系统包括企业从战略到经营计划、预算管理、过程成本管理、绩效管理以及企业风险控制管理的相关信息系统，其与企业的经营过程及管理要求密切相关，数据来源于核算层信息系统，经过进一步加工和处理，为企业管理提供财务信息。管理层包含的系统有预算管理系统、合同管理系统、成本管理系统、绩效管理系统等。

决策层信息系统属于支持管理决策的财务信息系统，为管理者提供交互式的决策支持。

电子影像系统是财务云平台中共享核心模块的系统之一，该系统通过与电子档案系统、报账系统对接，实现了凭证单据实物流、影像流、数据流的有机整合，建立起基于电子影像的财务审核模式，为信息自动化流转、财务无纸化办公、档案电子化管理创造了条件（见图1－3）。

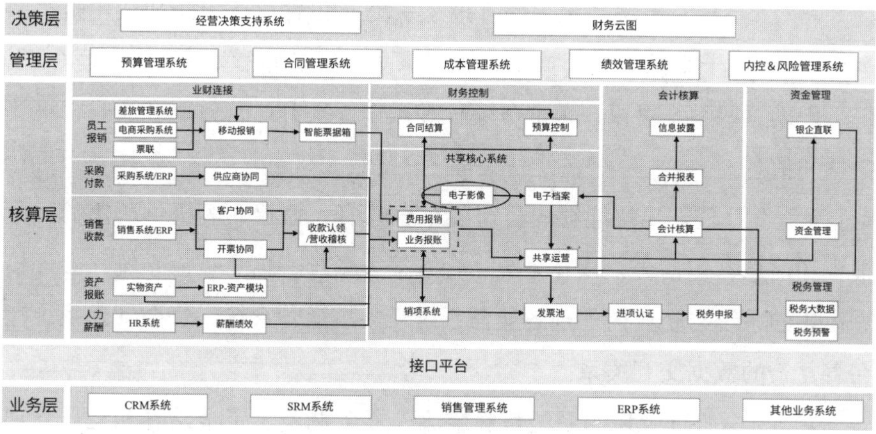

图1－3 电子影像系统的定位

1.3　电子影像系统功能及系统配置

1.3.1　系统功能

电子影像系统覆盖“影像采集”“任务处理”“影像上传”以及“影像查询”四大功能模块，实现了会计资料的集中化管理；通过与其他财务信息系统的对接，搭建起基于影像的线上预览和电子审核，为财务的自动化和数字化奠定基础（见图 1－4）。

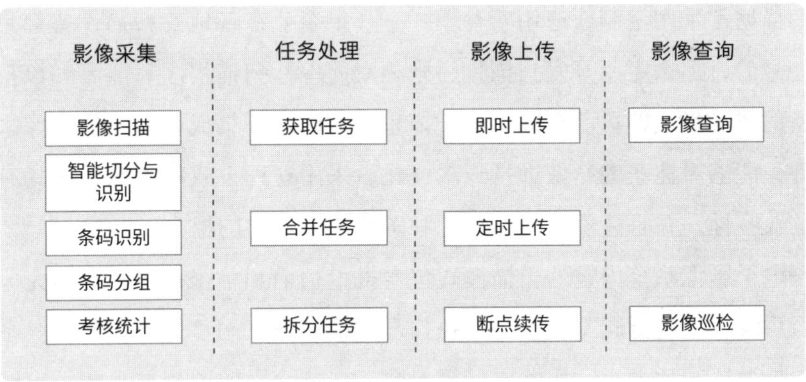

图 1－4　电子影像系统功能

（1）影像采集

影像采集功能模块主要包括四个子功能，分别是影像扫描、智能切分与识别、条码识别和条码分组（见图 1－5）。

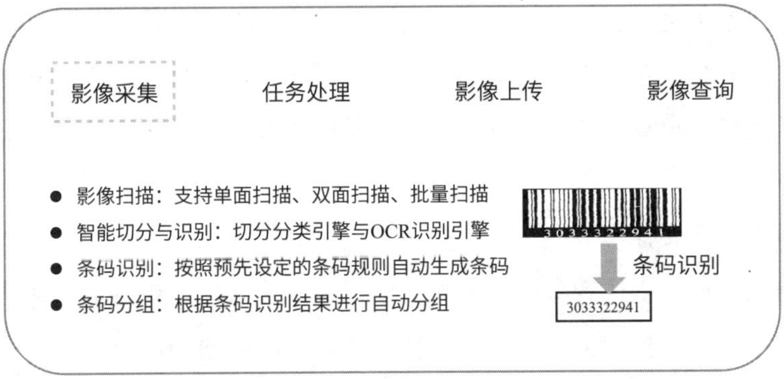

图 1－5　影像采集功能

➢ 影像扫描

影像扫描是指通过电子影像系统和扫描设备的配合，获取影像的过程。企业要求扫描的内容一般包括财务核算时所需的必要的报账单封面、发票、合同等纸质附件。对于需要扫描的纸质附件，可以由提单员工或者企业专设的扫描岗使用扫描设备完成扫描。

电子影像系统无须绑定任何硬件，能够对接市场上多种类型的影像扫描设备，包括扫描枪、高速扫描仪、高拍仪等设备；同时也能满足图片导入、文件上传等多种影像导入方式，最大限度地适配企业已有设备，满足多种图像采集需求。由于各个厂家扫描仪的驱动和底层技术有所差异，影像扫描通常采用定制或通用两种模式。如果企业在各地的扫描设备都是同一型号的，那么定制开发扫描程序则相对简单，扫描程序只需要和该扫描设备的驱动集成即可。有些影像扫描系统的产品还集成了专业的影像采集组件，能够对捕获的影像进行二次优化，采用这种方式的影像系统具有更高的兼容性，并且能够获得压缩比和图片质量双重的提升。

电子影像系统内置的扫描模式包含批量扫描和单张扫描，扫描完成的影像后续可以进行删除、重扫、补扫、替换、顺序调整等动作处理。系统也支持设置图片大小、压缩质量等参数；支持给影像图片加水印、声明版权；支持图片纠偏、除黑边和图像优化等功能。

➢ 智能切分与识别

智能切分与识别是指电子影像系统内置智能切分引擎和 OCR 识别引擎，影像扫描时，系统可以自动识别需要提取信息的票据，并且将一组影像的多张票据进行智能切分，分别提取每一张票据的结构化信息。针对纸质合同的扫描，系统能够自动识别关键页信息，如封面页和盖章页，便于后续的审批和审核。智能切分与识别的具体内容详细见 1.3.2 切分分类与 OCR 识别。

➢ 条码识别

条码是通过坐标和参数的方式锁定识别区域来进行识别的。条形码是影像文件的唯一标识，电子影像系统采用符合国际通用的制式，按照预先设定的条形码规则自动生成条码，同时条形码可以向外围业务系统（如报账系统等）传递，实现实物和其他系统数据的管理（见图 1－6）。

图 1－6　报账单据条码

➢　条码分组

影像扫描过程中，系统会自动识别文档资料中的条码，将识别结果作为图像的索引数据进行保存。同时，根据条码识别的结果可以对图像进行自动分组操作，扫描的影像是按扫描顺序进行记录的，将有条码的图像及后附的无条码图像自动划分为一个独立的单据组。当新条码出现时，触发生成一个新的单据组。如果出现不能自动处理的分组，操作人员可通过系统提供的分组编辑功能，对分组进行编辑、删除、合并、拆分等操作。条码分组如图 1－7 所示。

图 1－7　条码分组

➢ 考核统计

电子影像系统能够记录影像扫描业务量、影像扫描所用时间、影像审核所用时间等系统数据，一方面可以实现考核统计扫描员工作绩效的功能，另一方面也为管理层进行影像数据的汇总与分析工作提供支持。

（2）任务处理

任务处理功能模块主要包括三个子功能，分别是获取任务、合并任务和拆分任务（见图1－8）。

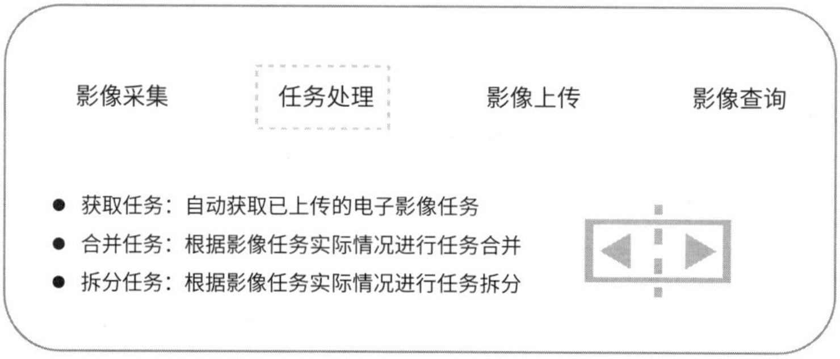

图1－8　任务处理子功能

➢ 获取任务

获取任务是指扫描员在电子影像系统中获取未审核单据影像，对提交过来的影像进行处理。扫描员可以在电子影像系统中查看影像的审核状态、审核评价内容，根据审核意见对影像进行重扫、补扫、替扫等动作处理。

➢ 合并任务

合并任务是指扫描员根据影像的实际情况进行灵活处理，若需要把两个任务合并成一个任务，可通过合并任务功能来完成（见图1－9）。

➢ 拆分任务

若需要把一个任务拆分成两个任务，可以通过拆分任务的功能完成（见图1－10）。

（3）影像上传

影像上传模块主要包括三个子功能，分别是即时上传、定时上传和断点续传（见图1－11）。

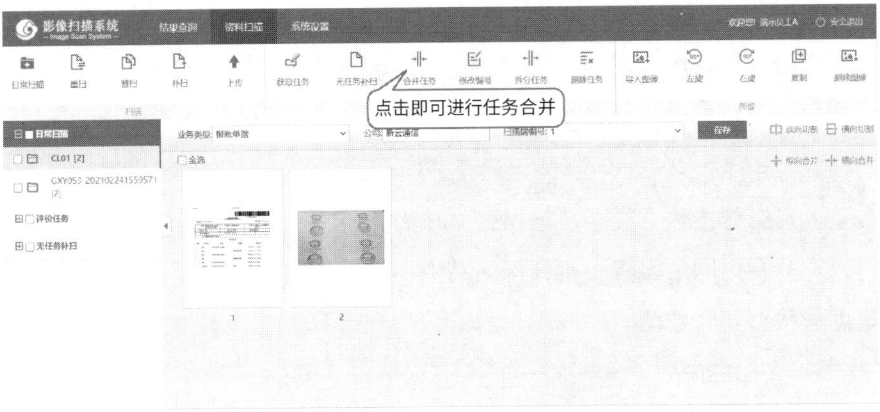

图 1－9　合并任务界面

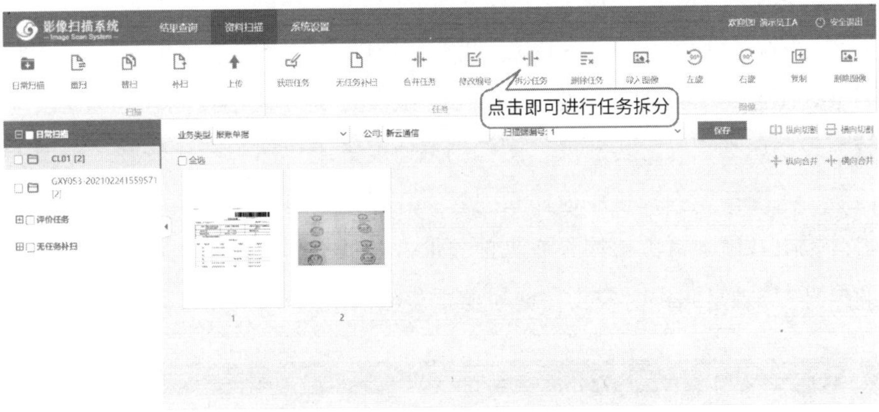

图 1－10　拆分任务界面

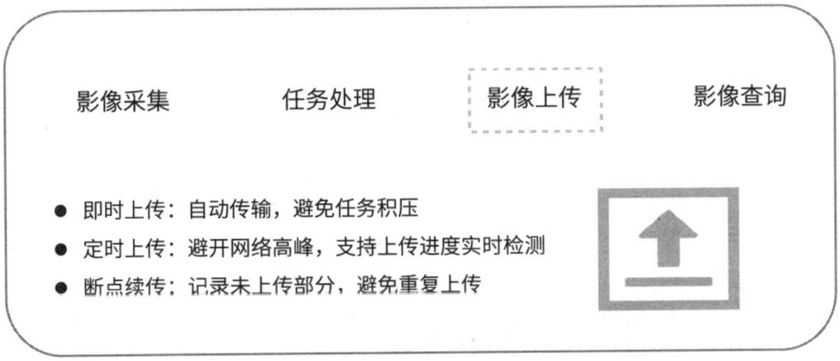

图 1－11　影像上传子功能

数字化时代的采集存储——电子影像&电子档案系统

➢ 即时上传

即时上传是指在影像分组后直接将数据自动传送到服务器，该种上传模式可以避免影像任务的积压。

➢ 定时上传

大量影像上传会给企业网络带来压力，影响工作效率。定时上传功能可以充分利用网络闲置，避开网络高峰，实现均衡传输，并支持影像上传进度与状态实时监测。

➢ 断点续传

断点续传是指如果由于网络故障、断电等原因导致上传中断，下次启动时，可以从记录的未上传部分继续上传，避免影像重复上传。

影像上传完毕后，服务器可对接收的影像内容进行自动校验，保证上传数据的完整性（见图 1－12）。此外，影响影像上传速度的另一个重要因素为图像压缩技术。一张普通的 A4 纸张，文件大小控制在 50KB 以下较为理想，其扫描上传速度、图像浏览速度等用户体验会比较好。影像上传后，系统按照扫描顺序返回索引号，并建立索引号与报账单号的对应关系。索引号规则可以根据企业管理需求进行自由配置，如“扫描点编号＋顺序号”，满足归档时实物档案快速定位的需求。

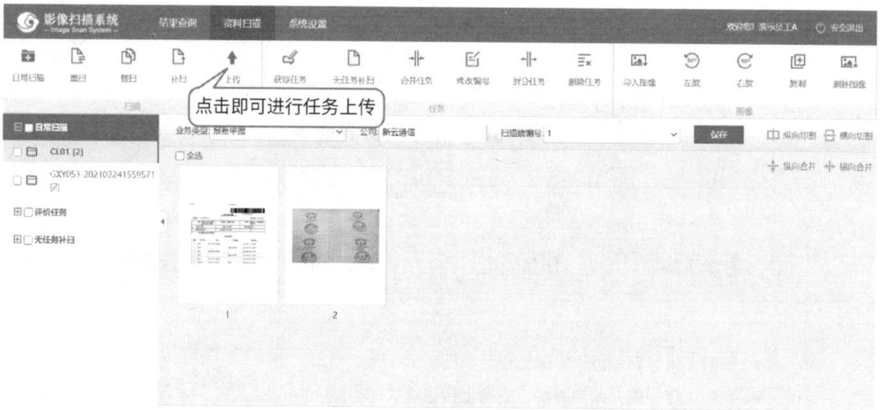

图 1－12　影像上传界面

（4）影像查询

影像查询模块主要包括两个子功能，分别是影像查询和影像巡检（见图 1－13）。

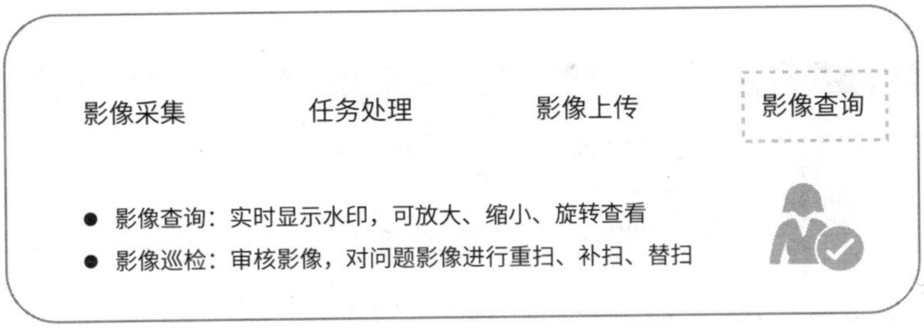

图 1－13　影像查询子功能

➢ 影像查询

影像查询是指报账人和扫描员可以查询已经扫描上传的影像。报账人查看影像时，若发现影像数量不足或扫描质量出现问题，可及时联系扫描员进行重新扫描；扫描员也可以查看已扫描上传的所有电子影像，若出现问题可进行重新扫描或联系报账人补齐纸质原件（见图 1－14）。

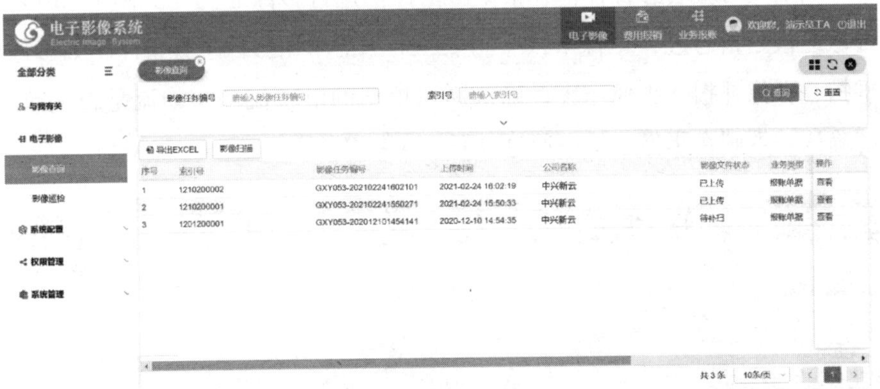

图 1－14　影像查询

影像查询功能支持查看影像详情并下载所有影像图片，影像查询界面配备图像放大、缩小和旋转的按钮，便于查看（见图 1－15）。报账人和扫描员在查看影像时，系统会实时显示水印，水印内容为员工姓名、工号与查看时间，以此降低电子影像被传播的风险，提高了电子影像的安全性。对于已经付款完成的单据，系统会为其影像打上“已付款”的标签，防止相关单据被重复使用。查询已经扫描上传的影像，可以对影像文件进行跟踪和分析。系统提供影像数据列表，支持导出及各种图像文件打印、下载功能。

图 1－15　影像查询

➢ 影像巡检

扫描员可查看影像详情，根据影像详情进行影像巡检（见图 1－16）。影像巡检是指通过“影像审核”功能，对当前单据影像进行备注，如影像重扫、影像补扫、影像作废，确认影像单据的电子流和实物流是否一致，若确认一致则在影像巡检中通过（见图 1－17）。

图 1－16　影像巡检

数字化时代的采集存储——电子影像&电子档案系统

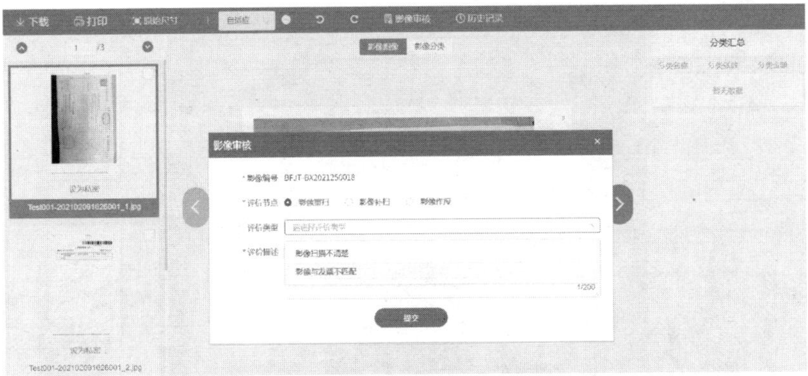

图1－17　影像审核

1.3.2　切分分类与OCR识别

切分分类技术和OCR识别技术是电子影像系统的两大重要支撑，主要用于单据影像的智能切分和智能识别，为会计档案的结构化数据管理提供了极大的技术支持（见图1－18）。

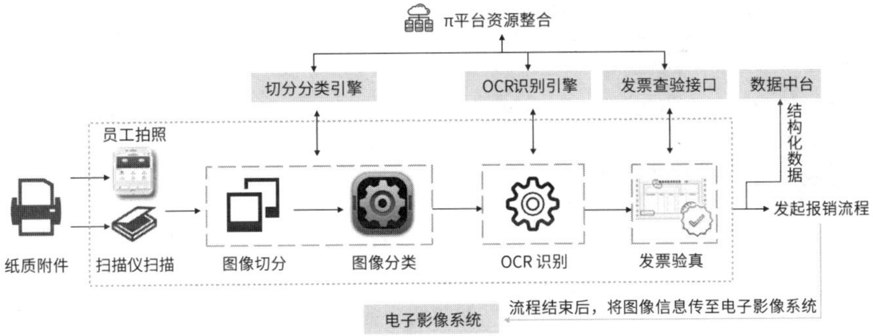

图1－18　切分分类与OCR识别的应用

（1）切分分类

切分分类是指在电子影像系统中内置切分分类引擎，该引擎能够采用图像分类算法和目标检测算法对单据影像进行切分，并对切分完成的各个单据进行分类展示。分类引擎有两种模式，即图像上只有单张票据的分类引擎和图像上有多张组合票据的分类引擎（见图1－19、图1－20）。

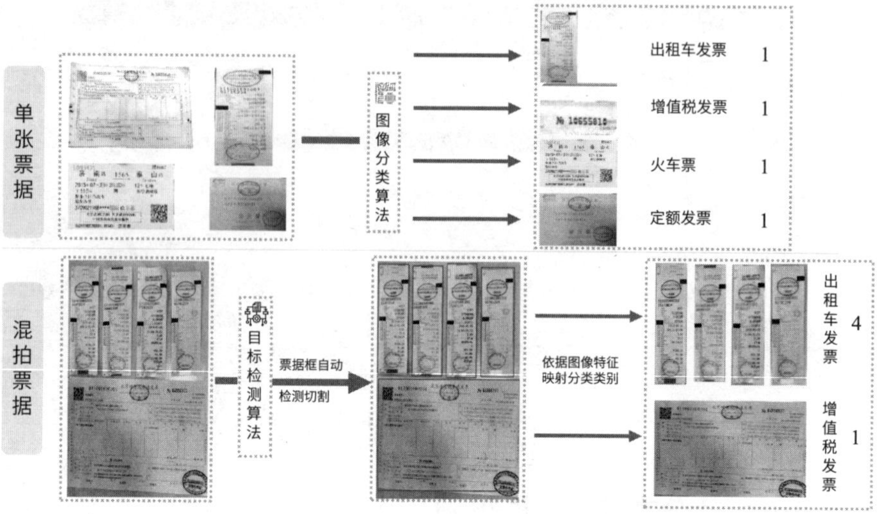

图 1－19　单张票据切分与混拍票据切分

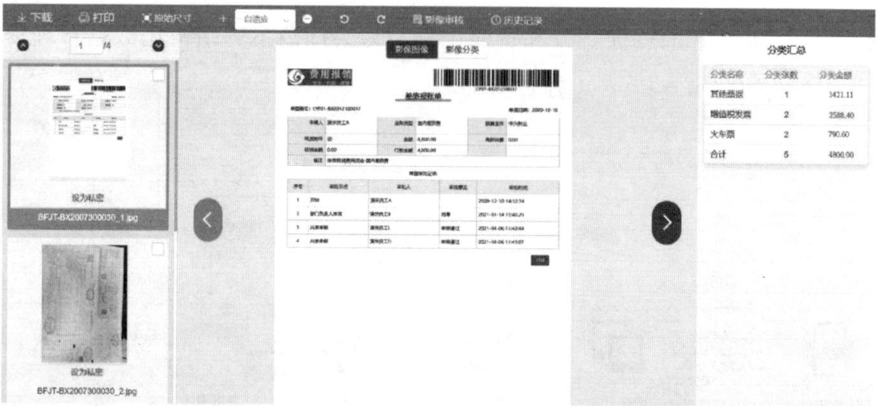

图 1－20　智能切分分类汇总

➢ 单张票据切分

单张票据切分需要应用图像分类算法，该算法的具体功能是根据给定的单张图像，正确识别出该图像所属的类别。对于强大的人类视觉系统来说，判断出一个图像的所属类别十分容易，但是计算机并不能像人眼那样立刻获得图像的具体信息。计算机能看到的只是一个一个的像素数值。例如，对于一个 RGB 图像来说，假设图像的尺寸是 32 × 32，那么计算机看到的就是一个形状为 3 × 32 × 32 的矩阵，计算机的任务其实是寻找一个函数关系，这个函数关系能够将这些像素的数值映射到一个具体的类别（见表1-1）。

表1-1　　　　图像分类引擎的实现过程

过程	描述
调验分类算法，选择适合的算法	现有的分类算法主要包括各类传统的机器学习分类算法和近几年比较流行的各类深度学习 CNN 算法。不同分类算法适用的场景不同，分类的准确度也有所差异
训练票据分类的模型	训练分类模型需要准备相应环境的、具备 GPU 的机器，用处理好的数据，根据经验调整参数、调整数据、修改算法，通过训练能够收敛精度比较高的模型，训练时间由数据集大小和模型复杂度共同决定
开发算法推理接口	开发算法的推理接口
测试集测试模型泛化能力	构建测试票据数据集，用测试集测试模型泛化能力
模型的不断优化，提高精度	后续需要不断地优化模型，提升模型的精度，使分类的准确度越来越高

➢　混拍票据切分

混拍票据需要应用目标检测算法。目标检测是指既要用算法判断图片中是否存在发票，还需要在图片中标记出它的位置，用方框将每一张发票分隔开来。图像检测引擎的实现过程和分类引擎实现的过程类似，但是应用的算法是不同的。

（2）OCR 识别

OCR 的全称是光学字符识别（Optical Character Recognition），是指对文本资料的图像文件进行分析识别处理，获取文字及版面信息的过程。也就是将图像中的文字进行识别，并以文本的形式返回。

根据识别场景，可大致将 OCR 分类为识别特定场景的专用 OCR 和识别多种场景的通用 OCR，证件识别和车牌识别就是专用 OCR 的典型实例。相比于专用 OCR，通用 OCR 可以应用于更复杂的场景，也具有更大的潜力，但是由于通用图片的场景不固定，文字布局多样，通用 OCR 的技术难度也更高。

根据所识别图片的内容，可将场景分为清晰且具有固定模式的简单场景和复杂的自然场景。自然场景文本识别的难度极高，主要是因为图片背景极为丰富，经常面临低亮度、低对比度、光照不均、透视变形和残缺遮挡等问题，而且文本的布局可能存在扭曲、褶皱、换向等问题，其中的文字也可能出现字体多样、字号、颜色不一的问题。

典型的 OCR 技术路线如图 1－21 所示：

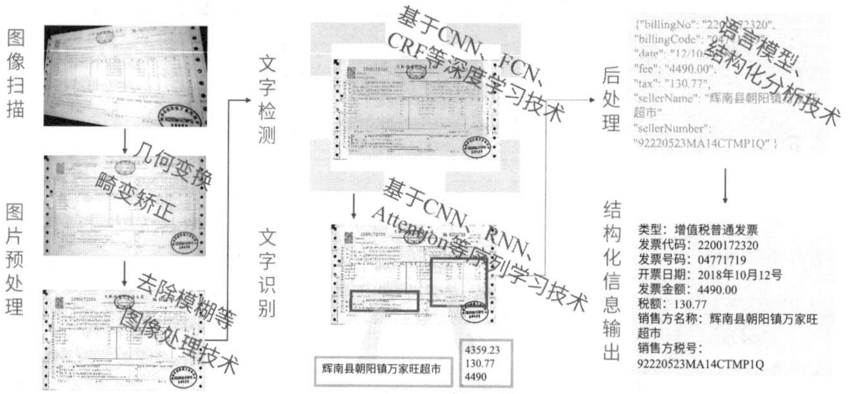

图 1－21　OCR 技术路线图

➢ 图像扫描：是指适用扫描仪或拍照的方式将纸质单据扫描成电子版本，图像扫描是 OCR 识别的基础。

➢ 图片预处理：通常是针对图像的成像问题进行修正，便于后续对内容进行识别。常见的预处理过程包括几何变换（透视、扭曲、旋转等）、畸变校正、去除模糊、图像增强和光线校正等。

➢ 文字检测：是指应用卷积神经网络（Convolutional Neural Networks，简称 CNN）、全卷积神经网络（Fully Convolutional Network，简称 FCN）、条件随机场（Conditional Random Field，简称 CRF）等深度学习技术，对图片上的文字进行全面检测。

➢ 文本识别：在文字检测的基础上，使用 CNN、RNN 以及 Attention 等序列学习技术，对检测出的文字进行识别。

➢ 后处理：是指借助语言模型和结构化分析技术，对于识别出的文字进行进一步处理。

➢ 结构化信息输出：后处理结束后，系统会自动输出有关图像的结构化信息（见图1－22）。

图1－22　结构化信息提取界面

各类票据经过智能切分与识别之后，即可通过发票查验接口进行查重与验真（见图1－23）。

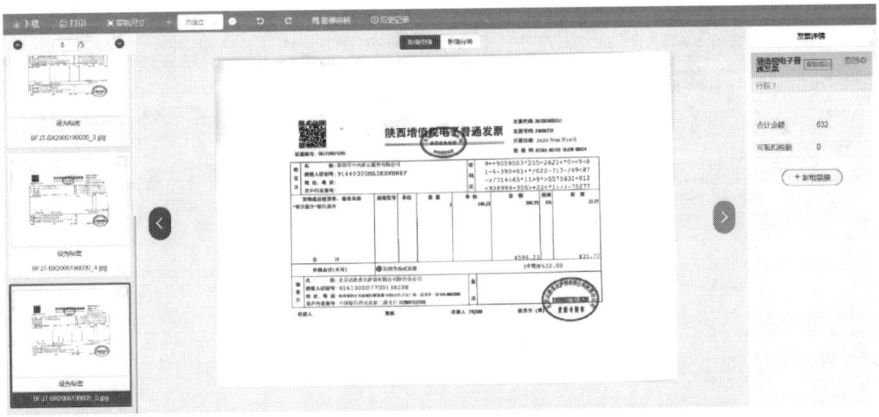

图1－23　发票查验界面

1.3.3　系统配置

企业使用电子影像系统之前，首先需要完成系统相应配置工作，以确保电子影像系统的正常运行，电子影像系统的配置可以分为五部分。

（1）快速编码与业务类型

快速编码可以用来配置系统中的基础项、下拉菜单和常量值（见图 1－24）。

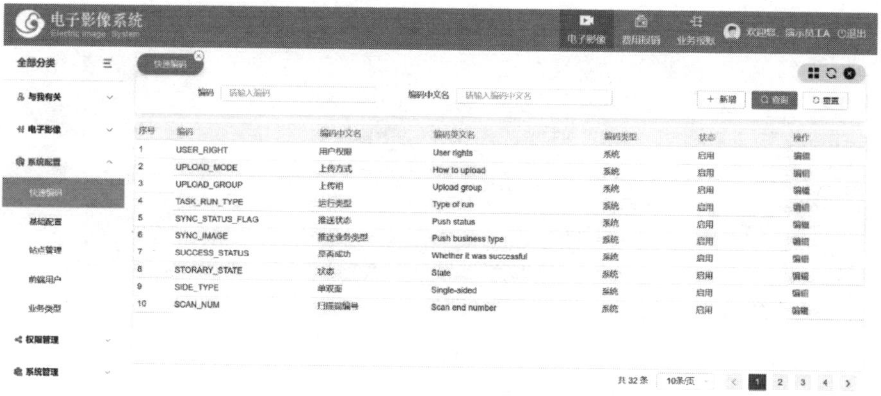

图 1－24　快速编码

业务类型是用户根据业务类型配置影像是否需要匹配凭证、影像归档是否需要凭证信息、归档时凭证号是否必须录入（见图 1－25）。

图 1－25　业务类型配置

（2）基础配置

基础配置主要是指将配置参数传递至扫描端，以便各个扫描客户端在工作时使用统一的参数配置，标准统一（见图 1－26）。

（3）站点管理

站点管理主要用来配置文件服务器的地址和路径，以及用户名、口令等，系统支持不同组织配置不同的站点，一般情况下一个企业使用一个公用的文件服务器就可以满足需求（见图 1－27）。

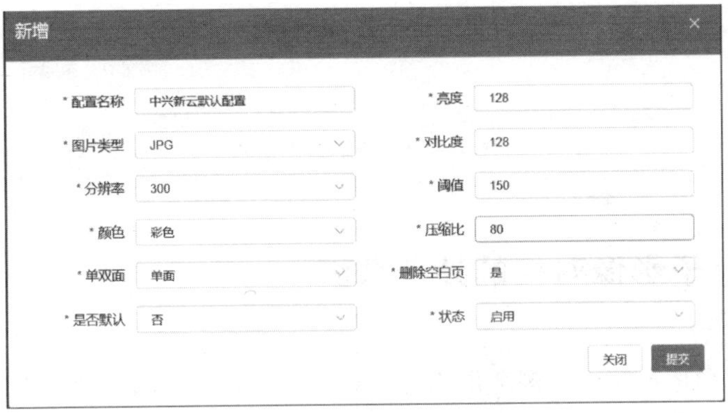

图 1－26　新增基础配置界面

图 1－27　新建站点界面

（4）前端用户

配置前端用户主要用于授权扫描员的登录权限（见图 1－28）。

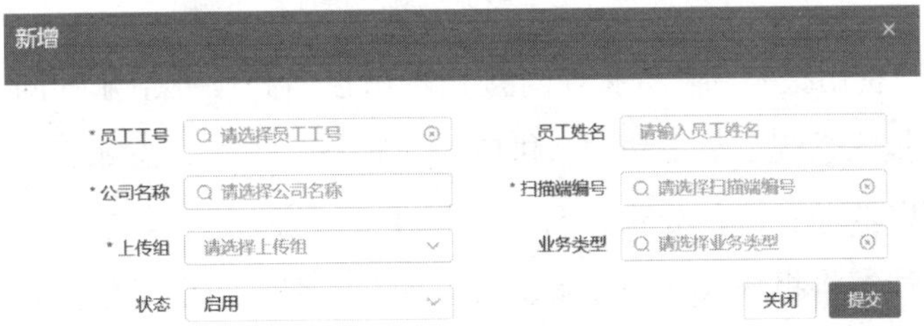

图 1－28　新建前端用户界面

（5）查询层次

配置查询层次主要用于授权用户影像查询、影像巡检的权限（见图 1－29）。

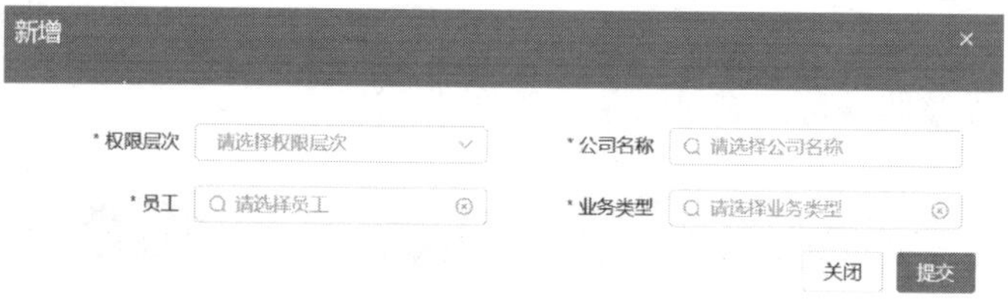

图 1－29　新增查询层次

1.4　电子影像对接的外部系统

电子影像系统可与多个系统进行对接，从而能够从其他系统中获取影像信息或接收其他系统传输的电子影像信息（见图 1－30）。

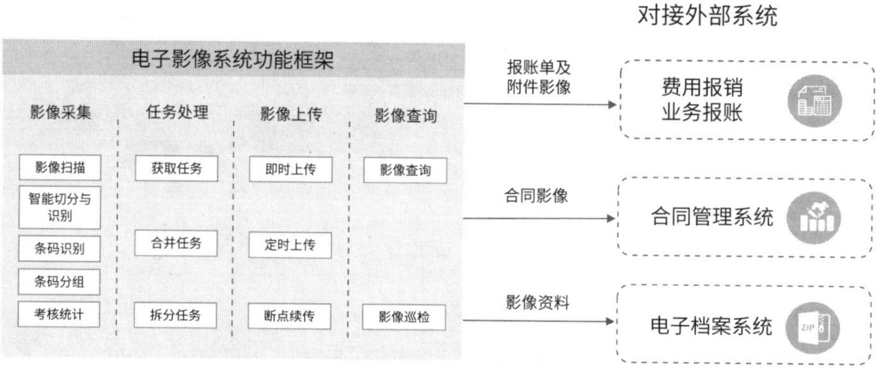

图 1－30　电子影像系统对接外部系统

➢　与费用报销和业务报账对接：费用报销和业务报账共同组成了报账系统，报账系统是员工费用、供应商、客户、资产、总账、税金、薪酬等财务报账业务一体化处理平台（见图 1－31）。电子影像系统与报账系统对接，能够将报账人在报账系统所提单据的编号与电子影像相匹配，同时将匹配好的报账申请推送至报账系统，由相关业务领导完成审批。

➢　与合同管理系统对接：合同管理系统对企业合同进行统一管控，能够实现合同起草、审批、签署、执行、变更、中止、关闭的全生命周期管理流程。电子影像系统与合同管理系统对接，可以将纸质合同的电子影像传递至合同管理系统。

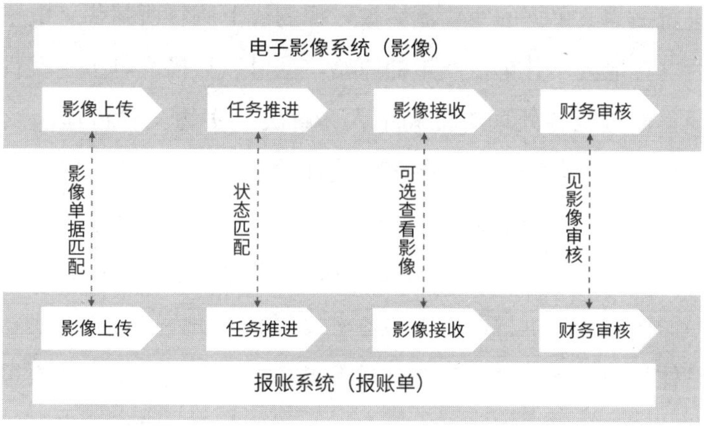

图 1－31　电子影像系统与报账系统对接示意图

➢ 与电子档案系统对接：电子档案系统将财务和业务相关信息系统产生的各类信息、纸质单据进行电子化管理，减少实物档案的邮寄成本和保管成本，具有安全性、实用性和开放性。电子影像系统与电子档案系统对接，可以将处于归档范围内的单据影像传递至电子档案系统进行归档管理。

1.5　电子影像系统应用价值

信息技术和互联网的发展使得图片信息的采集和传输已不再成为难题，电子影像系统出现后迅速成为企业重要的信息系统工具，发挥着巨大的应用价值，主要体现在以下几个方面：

➢ 实现单据电子化流转。通过电子影像系统，实现实物报账单据电子化，将报账单与会计凭证有效匹配，构建一个可扩张的、灵活的电子影像系统，支撑财务管理水平提升，大幅提高财务处理效率。

➢ 解决异地实物单据传递问题。尚未使用电子影像系统的企业，其单据的流转需要经过各地的归集、邮寄、接收、分发、归档等多个环节。一方面，这种多环节的实物流转极大地影响了业务处理时效；另一方面，实物的频繁流转极易造成单据的丢失。电子影像系统在单据实物流的管理基础上得到了进一步的拓展，通过影像扫描的方式，单据可以直接在业务发生地进行扫描，单据的实物流转被影像的线上流转所替代。电子影像系统上线后，各地区、各单位产生的原始单据可以扫描成电子版文件，并通过系统线上推送至各处理单位和个人，解决了实物文件传递涉及的安全性、及时性等诸多问题。在业务集中处理的模式下，还大大降低实物单据的邮寄成本。

➢ 提高信息传递效率。企业启用电子影像系统后，所有审批环节都可以依照影像进行审批，不再需要各审核环节责任人通过查阅实物报账单据核对具体报账信息，这一改变将显著提高报账审批效率，缩短报账审批周期。此外，一份影像同时可以被多个业务员调用，每个工序可同时依据同一份影像信息进行业务处理，极大提高了信息传递效率。

➢ 提高档案管理水平。通过电子影像系统，能够方便地获取当前实物和电子影像所在的流程环节，将会计档案资料管理与影像相结合，方便定期分批打印、装册、装盒、装柜等归档操作，提高档案资料管理的规范性、效率，并方便档案借阅。

➢ 提供统一的影像平台。通过统一的外部接口，向外提供影像调阅服务，其他相关业务系统都能方便地调阅单据影像。对于企业而言，单据调阅是经常发生的业务，在没有电子影像系统的情况下，面对内部审计、外部审计、税务检查时的原始单据查阅流程异常复杂，有时必须通过单据邮寄才能完成调档查阅的过程。电子影像系统的实施，使原始单据被扫描后，即可在本地归档。对于没有必要查阅纸面单据的调阅需求而言，电子影像系统以其高效的检索，使查阅者可以根据相关信息在海量影像中迅速获取查询结果。电子影像系统的实施，不仅影响着财务部门，业务人员和领导也可以凭借系统的高效检索功能，即时定位相关业务单据信息。

本章小结

共享服务中心的建立开启了财务集中处理模式，为提高单据流转和处理效率，电子影像系统应运而生。电子影像系统具备影像采集、任务处理、影像上传和影像查询四大功能模块，通过与报账系统、电子档案系统等外部系统的对接，实现单据电子影像的线上流转，不仅提升了企业的信息传递效率，还提高了会计档案的管理水平。

本章关键词

电子影像系统　影像采集　任务处理　影像上传　影像查询　切分分类　OCR 识别

本章练习题

一、选择题

1. 电子影像系统由扫描系统和影像系统共同组成，该系统通过与电子档案系统、报账系统对接，实现了凭证单据（　　）的有机整合，建立起基于电子影像的财务审核模式。

A. 实物流　　B. 单据流

C. 影像流　　D. 数据流

2. 电子影像系统是实现票据（　　）的平台，它以信息系统承载业务处理流程，以电子流程代替传统财务流程。

A. 信息采集　　B. 影像传输

C. 系统处理　　D. 集中管理

3. 电子影像系统的影像扫描功能是指通过（　　）之间的配合，获取影像的过程。

A. 电子影像系统　　B. 报账系统

C. 扫描仪　　D. 打印机

4. 一般来说，电子影像系统对接的系统包括（　　）。

A. 共享运营系统　　B. 报账系统

C. 合同管理系统　　D. 电子档案系统

5. 电子影像系统内置的扫描模式有（　　），扫描的影像可以进行删除、重扫、补扫、替换、顺序调整等动作处理。

A. 批量扫描　　B. 集中扫描

C. 单张扫描　　D. 分散扫描

二、判断题

1. 电子影像系统采用符合国际通用的制式，按照预先设定的条形码规则产生，同时条形码可以向外围业务系统（如报账系统等）传递，但条形码并不是影像文件的唯一性标示。（　）

2. 站点管理主要用来配置文件服务器的地址和路径，以及用户名、口令等，系统支持不同组织配置不同的站点，一般需要使用多个公用的文件服务器。（　）

3. 电子影像系统可与多个系统进行对接，从而能够从其他系统中获取影像信息或接收其他系统传输的电子影像信息。（　）

4. 电子影像系统上线后，各地区、各单位产生的原始单据可以扫描成电子版文件，并通过系统推送至各处理单位和个人，解决了实物文件传递涉及的安全性、及时性等诸多问题，但是也提高了信息处理成本。（　）

5. 建设电子影像系统后，所有审批环节都依照影像进行审批，但是依然需要各审核环节责任人通过查阅实物报账单据核对具体报账信息，确保审核结果真实无误，缩短报账审批周期。（　）

三、思考题

1. 电子影像系统有几大功能模块，分别是什么？
2. 电子影像系统配置包含哪些步骤？
3. 电子影像系统需要与哪些外部系统进行对接？

第 2 章　影像管理流程

本章学习目标

本章主要展示了影像管理流程的不同场景，首先介绍了单据影像的通用管理流程，其次介绍了影像流转的特殊情况及处理方法。

通过本章的学习，应掌握：

◇　通用影像管理流程

◇　特殊影像管理流程

本章知识结构图（见图 2－1）

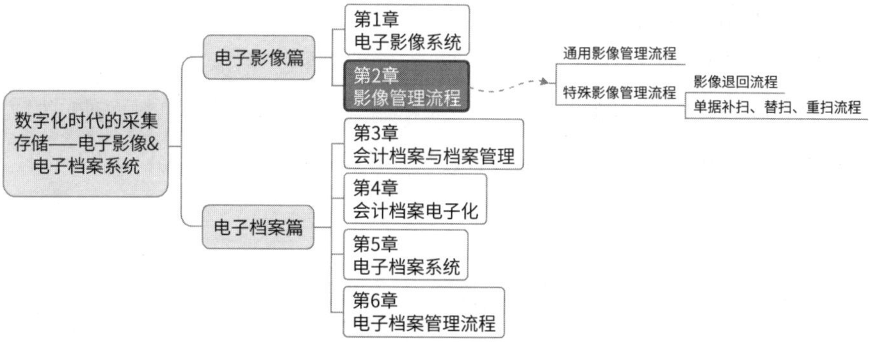

图 2－1　第 2 章框架导图

2.1　通用影像管理流程

通用影像管理流程是指员工在报账系统中提单后，将需要扫描上传的实物单据（包括报账单封面、发票、原始凭证等）提交至扫描岗处，由扫描岗扫描并上传至电子影像系统，经业务领导审批和财务审核后，电子影像流转至电子档案系统进行归档的流程，即电子影像在线上流转的完整过程，具体流程如图 2 –2 所示：

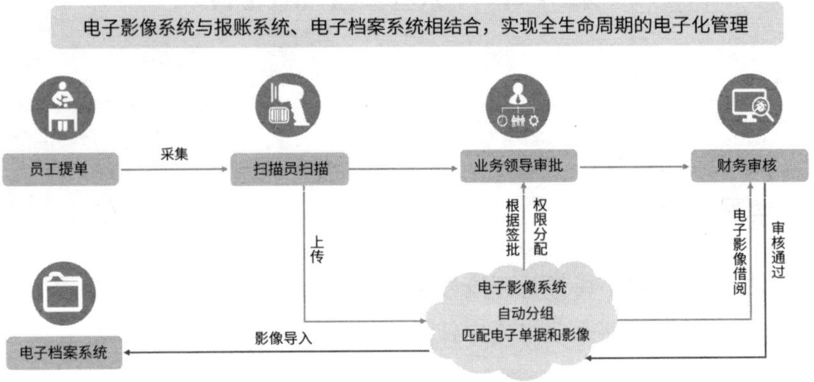

图 2 –2　通用影像管理流程

➢　员工提单

以员工差旅费报销为例，报账人首先需要在报账系统提单，填写相关报销信息（见图 2 –3）；填写完成后提交单据并打印报账单封面，企业若应用了智能票据箱，报账人则可以使用移动端的报账单条码，在智能票据箱处扫描条码并打印报账单封面；企业若没有智能票据箱，报账人则需要在 PC 端使用打印机自助打印报账单封面；平铺粘贴票据，并将报账单封面连同相关实物单据一起装订后移交至扫描岗处或投递至票据箱（见图 2 –4、图 2 –5）。

图 2 –3　电子报账单系统界面

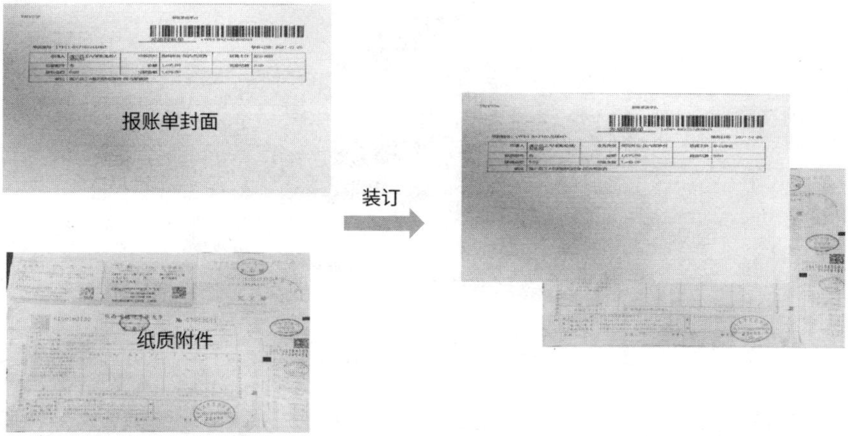

图 2－4　票据装订

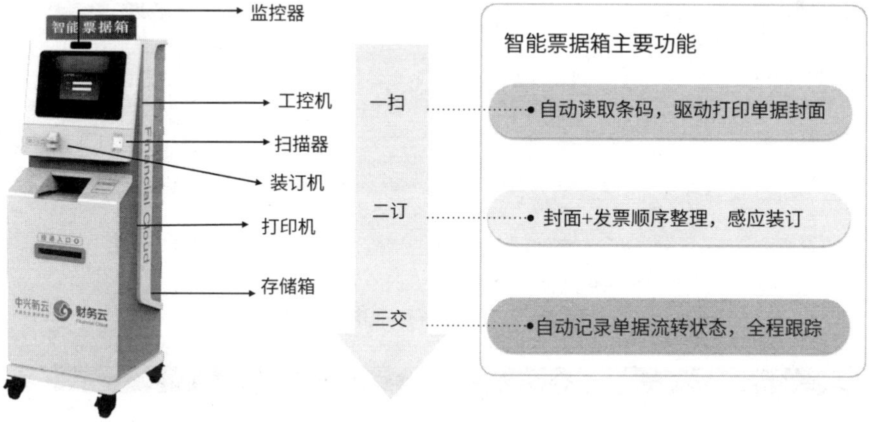

图 2－5　智能票据箱投递

➢　扫描岗扫描

扫描岗在固定时间段收集整理实物单据，确认员工在报账单中填写的附件数量与提交的实物单据数量是否一致，并检查单据粘贴是否符合平铺粘贴的要求。检查无误后将实物单据进行扫描并上传至电子影像系统，系统通过切分引擎和 OCR 识别技术自动判断票据类别，并提取结构化信息（见图 2－6、图 2－7、图 2－8）。

上传之后，扫描员需要判断影像是否需要进一步处理，如影像合并、影像切分、影像旋转等。扫描员将电子影像扫描并上传完毕后，定期将实物单据交至归档岗处。

数字化时代的采集存储——电子影像&电子档案系统

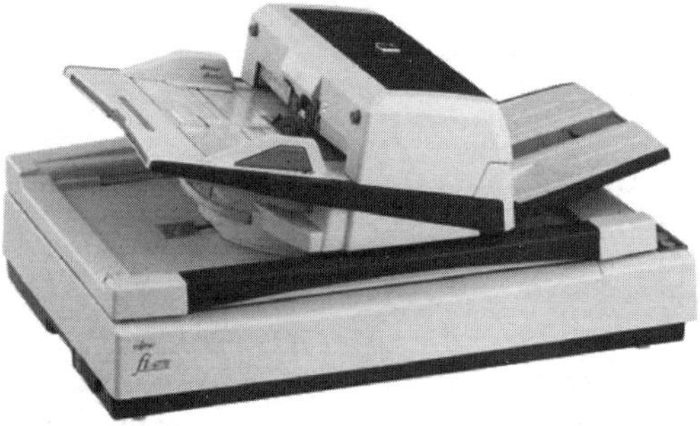

图 2－6　影像扫描仪

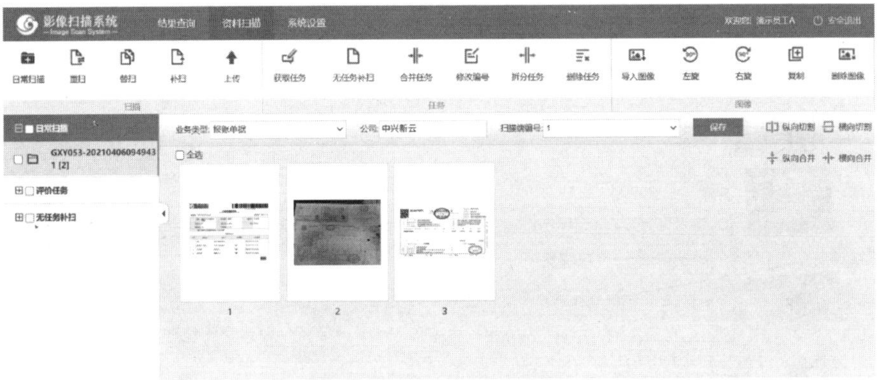

图 2－7　上传与处理电子影像

图 2－8　智能切分系统界面

➢　业务领导审批

业务领导审批有两种模式，分别是见影像审批和不见影像审批，企业根据内部控制要求选择相应的审批方式。见影像审批模式下，业务领导需要等扫描员上传影像之后才能进行对应的单据审批，业务领导可以选择在移动端或 PC 端进行单据审批，两种审批方式都支持调阅电子影像（见图 2－9）；而不见影像审批模式则相对自由，报账人提交电子报账单后，业务领导随时可以进行审批，业务领导审批通过后单据会流转至共享运营系统。

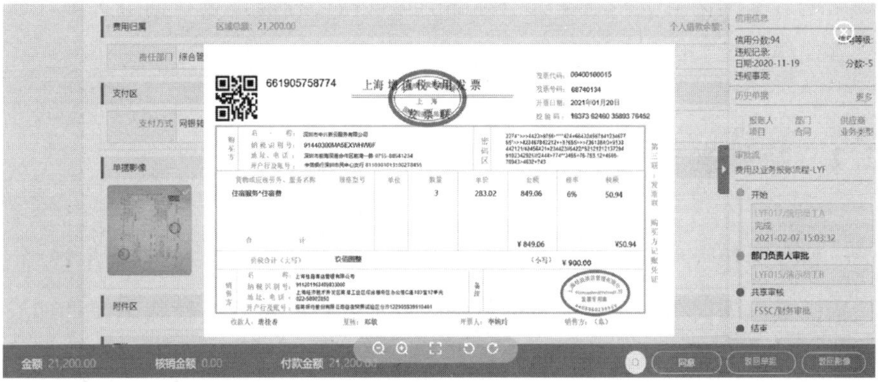

图 2－9　业务领导审批 PC 端界面

➢　财务人员审核

业务领导审批完成后，审核会计在共享运营系统进行审核，可同步查看报账单据及附件的电子影像（见图 2－10）。审核通过后单据的付款信息会流转至资金管理系统，由资金会计完成付款操作。记账信息流转至会计核算系统，自动完成账务的处理，生成记账凭证。

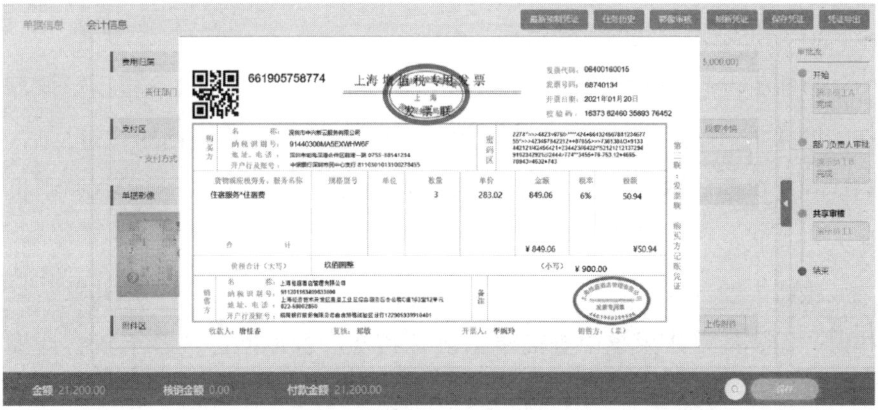

图 2－10　财务人员审核界面

➢ 归档岗归档

归档岗在确认该单据的流程全部完成并生成正式凭证后，开始进行归档。对于纸质的报账单封面和纸质附件，归档岗需要进行线下归档、上架；而对于电子报账单、纸质附件的电子影像以及生成的电子凭证等，归档岗需要使用电子档案系统进行线上匹配，完成线上入库。除此之外，归档岗还需要确保电子档案系统中标注的实物档案存储位置与档案实际存放位置保持一致，以便于后续纸质档案的保管和查询利用。

2.2 特殊影像管理流程

特殊影像管理流程是指当出现实物单据提交错误、影像扫描不清晰、扫描岗操作失误等问题时，对影像进行更正处理的流程。特殊影像管理流程涵盖影像退回和单据补扫、替扫、重扫两个步骤。影像退回是指相关人员发现问题影像后，对其进行退回的操作过程；而补扫、替扫与重扫是指影像退回动作发生之后，针对不同类型退回的处理方式。

2.2.1 影像退回流程

影像退回包含两种业务场景，一种是报账人自主发起的影像退回，另一种则是非报账人发起的影像退回，非报账人可以是业务领导，也可以是财务审核会计。

（1）报账人发起的影像退回

报账人发起的影像退回是指报账人通过个人报销平台发现报销影像存在问题并主动联系相关责任人进行处理的过程。报账人发起影像退回后，需要补交单据至扫描岗处，由扫描岗进行补扫。若不需要补交单据，则报账人只需联系扫描岗进行重新扫描。

报账人发现已提交的实物单据需要进行替换或补交实物单据并重新扫描时，需要在报账系统中查询单据流转状态。若单据已被各审核会计提单，状态为“待审核”，则需线下联系各审核会计退回影像，报账人补交或替换单据至扫描岗后进行重新扫描上传；若状态为“待扫描”，则需直接补交或替换单据至扫描岗处进行重新扫描（见图 2 – 11）。

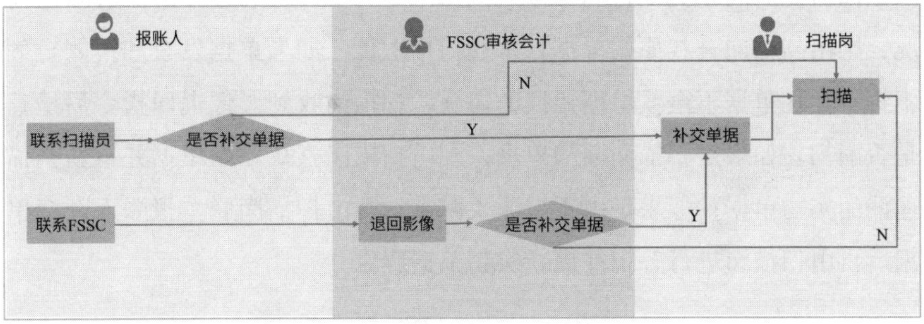

图 2 – 11　报账人发起的影像退回流程

（2）非报账人发起的影像退回

非报账人发起的影像退回是指业务领导或审核会计在审批、审核过程中发现影像存在问题，导致单据无法通过审批、审核时将影像退回的流程。因影像退回的发起人并非报账人本身，因此称为非报账人发起的影像退回。

一般情况下，如果单据没有出现错误或不合规的情况，只有影像出现问题，则只需要退回影像，后续影像更新后可使用原单据号继续提单；若单据内容出现问题，则需要对单据发起退回，重新提单。业务领导或审核会计在发起影像退回之后，该影像对应的报账人和扫描员都会收到影像退回的通知（见图 2 – 12）。

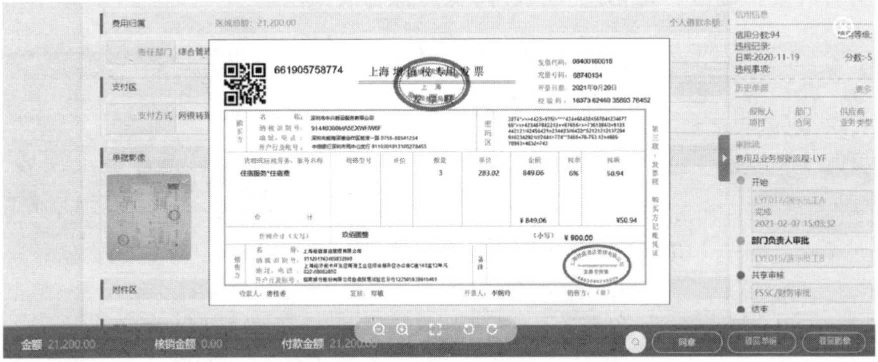

图 2 – 12　影像退回系统界面

当业务领导审批环节或审核会计发现影像存在问题时并退回影像后，扫描岗需要对问题类型进行确认（见图 2－13）。如果是影像不清晰的情况，则由扫描岗查找原始单据并重新扫描上传。如果单据发票和报账金额不符，存在单据不全或单据错误的情况，扫描岗收到影像退回指令后检查是否漏扫。如果是扫描岗漏扫单据，则由扫描岗查找原始单据并重新扫描遗漏的实物单据；如果是由于报账人漏交，则由扫描岗联系报账人补交单据后再由扫描岗进行补扫并更新实物单据影像。

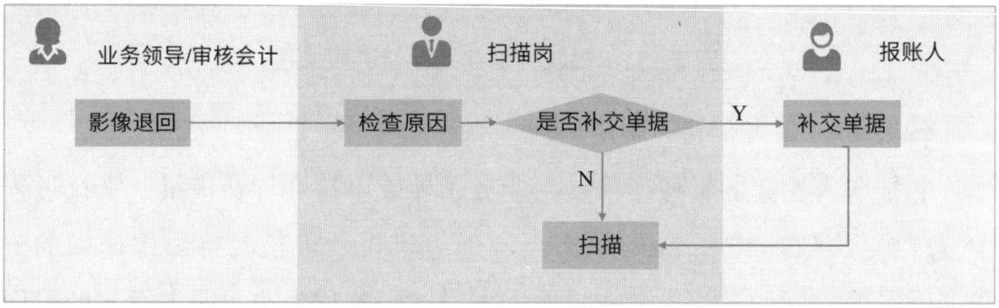

图 2－13　非报账人发起的影像退回流程

2.2.2　单据补扫、替扫、重扫流程

实物单据补扫、替扫、重扫流程是指由于报账人、业务领导或财务审核会计发现影像存在问题并发起退回之后，扫描岗对存在问题的影像任务进行再次扫描的流程（见图 2－14）。电子影像系统能够记录影像更改的所有痕迹，确保影像信息安全，降低影像篡改风险。

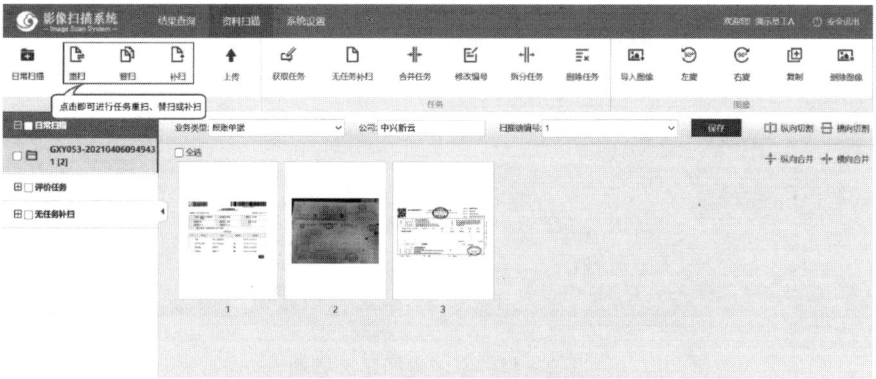

图 2－14　单据补扫、替扫、重扫界面

（1）单据补扫

单据补扫的业务场景一般是指由于报账人未提交完整纸质附件或扫描员漏扫部分单据，此时需要由扫描员确认单据影像不全的具体原因，并对此前未扫描的单据进行补扫。

（2）单据替扫

单据替扫的业务场景主要是指扫描员将一组单据扫描并上传完成后，发现有一张或多张影像存在问题，可通过替扫操作将新的图像替换到影像任务中。

（3）单据重扫

单据重扫流程的业务场景主要是指扫描员扫描完成后，发现某个影像任务中的图像存在问题，需要重新扫描整个影像任务。

本章小结

影像管理流程分为通用影像管理流程和特殊影像管理流程。通用影像管理流程涵盖从员工提单、扫描岗扫描、业务领导审批、财务审核到档案归档全流程；特殊影像管理流程即影像发生退回的业务场景，以及扫描员进行重扫、补扫、替扫等不同处理方式。

本章关键词

影像管理流程　影像退回　单据补扫　单据替扫　单据重扫

本章练习题

一、选择题

1. 扫描员将电子影像扫描并上传后，定期交至归档岗处，同时由（　　）在报账系统进行审批后，单据会流转至共享运营系统，由

（　　）在共享运营系统完成审核。

A. 业务领导　　B. 公司领导

C. 审核会计　　D. 资金会计

2. 报账人发起影像退回的主要原因包括（　　）。

A. 实物单据不齐全　　B. 实物单据提交错误

C. 影像扫描不清晰　　D. 影像重复

3. 归档岗在确认该单据的流程完成并生成正式凭证后，开始进行归档，对于纸质的报账单封面和纸质附件，归档岗需要进行（　　）、上架；而对于电子报账单、纸质附件的电子影像以及生成的电子凭证等，归档岗需要使用系统进行（　　），完成线上入库。

A. 线下归档　线上匹配　　B. 线下归档　线上归档

C. 线下匹配　线上匹配　　D. 线下匹配　线上归档

4. 电子影像在线上流转的完整过程涉及员工、扫描岗、业务领导及财务审核人员等多个角色，其中扫描岗的具体职责包括（　　）。

A. 整理　　B. 扫描

C. 上传　　D. 归档

5. 电子影像系统凭借自动分组功能自动匹配电子单据和影像，并与（　　）系统相结合，实现全生命周期的电子化管理。

A. 智能审核系统　　B. 共享运营系统

C. 电子档案系统　　D. 报账系统

二、判断题

1. 影像系统在票据实物流的管理基础上得到了进一步的拓展，通过影像扫描的方式，票据需要集中到共享中心进行扫描，票据的实物流转完全被影像的线上流转所替代。（　　）

2. 业务领导在审批环节（报账系统）或各审核会计在审核环节（共享运营系统）发现影像存在问题，如果是影像不清晰的情况，则对影像进行退回，由业务人员查找原始单据并重新扫描上传。（　　）

3. 单据影像管理流程中业务领导审批模式包括见影像审批和不见影

像审批两种，企业应根据自身管理需求选择相应的审批方式。（　　）

4. 影像退回包含两种业务场景，一种是报账人发起的影像退回，另一种则是非报账人发起的影像退回，非报账人可以是业务审批领导，也可以是归档岗。（　　）

5. 单据重扫流程的业务场景主要是指，若扫描员正常扫描完成后，发现某个影像任务中图像有问题，需要重新扫描整个影像任务，可通过重扫操作来完成。（　　）

三、思考题

1. 单据影像管理通用流程包含哪些环节？
2. 影像退回分为哪几种类型，分别需要如何处理？
3. 什么是单据补扫、替扫和重扫？

第二篇

电子档案篇

第 3 章　会计档案与档案管理

本章学习目标

本章首先介绍了会计档案的基本概念，其次阐述了企业会计档案管理的各个模块，包括档案收集、整理、保管、借阅、盘点和鉴定销毁。

通过本章的学习，应掌握：

◇　会计档案的定义及范围

◇　会计档案的管理方法

本章知识结构图（见图 3 – 1）

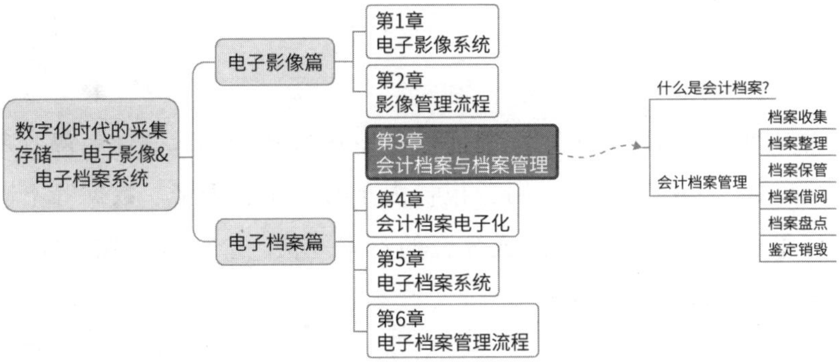

图 3 – 1　第 3 章框架导图

3.1　什么是会计档案?

会计档案是指单位在进行会计核算的过程中接收或形成的，记录和反映单位经济业务事项的，具有保存价值的文字、图表等各种形式的会计资料，包括通过计算机等电子设备形成、传输和存储的电子会计档案。[①]

会计档案是国家档案的重要组成部分，也是各单位的重要档案，它是对一个单位经济活动的记录和反映。通过会计档案，可以了解每项经济业务的来龙去脉；可以检查一个单位是否遵守财经纪律，在会计资料中有无弄虚作假、违法乱纪等行为；会计档案还可以为国家、单位提供详尽的经济资料，为国家制定宏观经济政策及单位制定经营决策提供参考。

与文书档案、科技档案相比，会计档案有它自身的特点，主要表现在以下三个方面：

➢ 形成范围广泛

一方面，会计档案存在于社会的各个行业领域，凡是具备独立会计核算的单位，都会生成会计档案；另一方面，会计档案的存储数量相对于其他类型的档案也更多一些。

➢ 档案类别稳定

社会上会计工作的种类繁多，如有工业会计、商业会计、银行会计、税收会计、总预算会计、单位预算会计等，但是会计核算的方法、工作程序以及所形成的会计核算材料是一致的，即会计凭证、会计账簿、财务报告等。

➢ 外在形式多样

会计的专业化性质决定了会计档案形式的多样化。会计账簿有订本账、活页账、卡片账之分。财务报告由于有文字、表格、数据等不同形式，打印规格也出现了 16 开或 8 开的不同规格。会计凭证在不同行业，外形更是大小各异，长短不一。

3.2 会计档案管理[②]

会计档案范围广、类别稳定、形式多样的特点对会计档案的管理提出

① 国家档案局．会计档案管理办法［EB/OL］．http：//www.mof.gov.cn/zcsjtsgb/gztsgb/201512/t20151211_3578376.htm，2015。

② DA/T39—2008，会计档案案卷格式［S］．北京：中国标准出版社，2008。

了一定的要求，单位应当加强会计档案管理工作，建立和完善会计档案的收集、整理、保管、借阅和鉴定销毁等档案管理制度，采取可靠的安全防护技术和措施，保证会计档案的真实、完整、可用、安全。

3.2.1 档案收集

（1）归档范围

《会计档案管理办法》规定，会计档案的内容一般指会计凭证、会计账簿、财务会计报告以及其他会计核算资料四个部分：

①会计凭证，包括原始凭证、记账凭证。

会计凭证是记录经济业务，明确经济责任的书面证明。它包括自制原始凭证、外来原始凭证、原始凭证汇总表、记账凭证（包括收款凭证、付款凭证、转账凭证三种）、记账凭证汇总表、银行存款（借款）对账单、银行存款余额调节表等内容。

②会计账簿，包括总账、明细账、日记账、固定资产卡片及其他辅助性账簿。

会计账簿是由一定格式、相互联结的账页组成，以会计凭证为依据，全面、连续、系统地记录各项经济业务的簿籍。会计账簿主要包括按照会计科目设置的总分类账、各类明细分类账、现金日记账、银行存款日记账以及辅助登记备查簿等。

③财务会计报告，包括月度、季度、半年度、年度财务会计报告。

会计报告是反映企业一段期间的财务状况和经营成果的总结性书面文件，主要包括月、季度或年度的资产负债表、利润表、现金流量表、所有者权益变动表及报表附注等。

④其他会计核算资料，主要包括属于经济业务范畴，与会计核算、会计监督紧密相关的，由会计部门负责办理的有关数据资料，如经济合同、财务数据统计资料、财务清查汇总资料、核定资金定额的数据资料、会计档案移交清册、会计档案保管清册、会计档案销毁清册等。实行会计电算化单位存贮在磁性介质上的会计数据、程序文件及其他会计核算资料均应视为会计档案一并管理。

其他具有保存价值的会计资料，是指除上述列举的会计资料以外其他符合新《会计档案管理办法》第三条关于会计档案定义的会计资料，如现金盘点表、支票盘点表、固定资产盘点表、财务印章保管登记表等。

非必须作为企业会计档案归档的文件材料包括有与财会工作有关的政策、制度、预算、计划、工作总结和报告、统计资料及往来文书等材料；为参考需要而交流或购买的会计业务材料；所有打印或复印的会计核算材料的废件。

（2）归档时间

企业当年形成的会计档案，在会计年度终了之后，由会计部门整理后，可暂由会计部门保管一年，期满之后，移交本单位档案管理机构或者档案管理人员处集中统一管理，如需推迟，需征得档案部门同意且最迟不超过三年。

（3）归档要求

作为会计档案归档的会计核算材料应符合完整齐全、真实准确、装订成册、区分保存价值、有利于保管和利用的要求，会计档案归档的具体要求包括：

➢ 归档的会计核算材料必须字迹清楚、签字手续完备，制成材料和书写材料符合耐久性要求。

➢ 按照会计制度的统一规定，年终办理决算以后，会计凭证、会计账簿、财务报告等一律归档保存，以备查询。

➢ 归档的会计核算材料，必须经过鉴定并划定合理的保管期限。

➢ 企业应当由会计机构按照国家的有关要求，由专人负责整理组卷，装订成册，编制会计档案保管清册。

➢ 纸质会计核算材料只需归档一份原件即可。

➢ 向档案机构移交时，应当由会计机构编制会计档案移交清册。

（4）归档手续

在归档移交时，会计人员和档案人员双方必须履行一定的交接手续，以明确责任。档案人员应当根据会计档案移交清单，对会计人员移交的会计档案案卷进行清点核对，核对无误后，双方在会计档案移交清册上履行签字盖章手续（见表 3－1）。

表 3－1　　会计档案移交清单示例

年度	会计凭证类（盒、袋）	会计账簿类（卷）	财务报告类（卷）	其他类（卷）	光盘（盘）	备注

移交部门：　　接收部门：　　监 交 人：

移 交 人：　　接 收 人：　　移交时间：

3.2.2　档案整理

会计档案的整理就是通过组卷、排列、编目等工作使会计档案有序化的过程。会计档案的整理原则是按照会计档案自然形成规律及其本身所固有的特点，保持各类会计核算材料之间的历史联系，区分不同保管价值，区分不同会计核算材料类型，便于保管、查阅和利用。

（1）档案组卷

组卷指每一类别的材料按照形成的会计年度或时间顺序，结合数量的多少，根据不同的价值，组成若干个保管单位①。组卷要按类别分开，即会计凭证、会计账簿、财务报告、银行对账单等，不要混杂。

①会计凭证的组卷

会计凭证是各单位经费收支的原始记录，是会计记账的依据，这种类型的会计资料具有严格的时间特征和序时性，它们是按照时间顺序逐日产生并按月结算的。会计部门在记账后先按照记账凭证固有的顺序号排列保存，到月底时再统一进行整理装订。一个月的凭证可根据量的多少组卷装

① 郭团卫，朱兰兰．企业档案管理实务［M］．郑州：郑州大学出版社，2014。

订成一本或几本，装订凭证的厚度以 1.5 ~2.0 厘米为宜，一般 30 张记账凭证可装订成一本。

整理会计凭证时会遇到一些特殊情况，可作如下处理：

➢ 单位如果生成的凭证数量过多，可以把不同类型的会计凭证，如收款凭证、付款凭证、转账凭证等区别开来，分别装订。

➢ 对于一些不便随同记账凭证一同装订或保管期限明显不同的原始凭证，如涉外凭证、工资名册凭证等，应抽出单独装订。

➢ 其他种类的会计凭证，如送款单、付款委托书、缴款书、医疗报销单等，应当根据会计制度的有关要求，按照时间顺序编写页号并装订成册。

②会计账簿的组卷

会计账簿可按年度和账簿的种类进行组卷整理，对总账、明细账、现金日记账、银行存款日记账、固定资产卡片、辅助账簿、其他会计账簿等分别组卷装订。会计账簿要区分年度，按照其形成特点，将不同种类的账簿分别组卷，组卷前要检查核对账簿页数是否齐全，序号排列是否连续等。

按其外形特征，会计账簿可分为订本式账簿、活页式账簿和卡片式账簿。

➢ 订本式账簿的组卷。订本式账簿简称订本账，是将编有顺序页码的一定数量账页装订成册的账簿，整理组卷时应保持账簿本身的完整，不要拆除空白页，账内要有连续页码（见图 3-2）。

图 3-2 订本式账簿

➢ 活页式账簿的组卷。活页式账簿简称活页账，是将一定数量的账页置于活页夹内，可根据记账内容的变化随时增加或减少账页的账簿（见图3-3）。活页账一般适用于明细分类账，在会计年度结束后要将空白页撤除，编制页码。页号编写的方法是在账页的右上角编写页号，背面有字的在左上角编号，左侧装订成册。账页较少的，可将科目内容相近的账页按类别排列编号，合并装订成册。

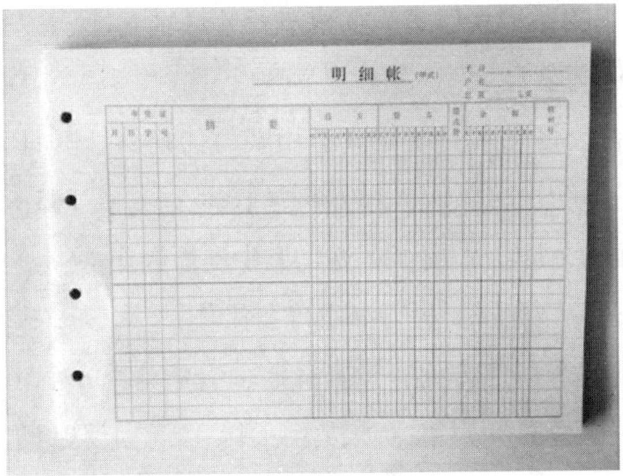

图3-3　活页式账簿

➢ 卡片式账簿的组卷。卡片式账簿简称卡片账，是指将一定数量的卡片式账页存放于专设的卡片箱中，账页可以根据需要随时增添（见图3-4）。卡片账的组卷方法与活页账一致，各类账簿的扉页反映了账簿的应用交接和使用状况，归档前应按要求将账簿启用及结交表项目逐项填写清楚，正面项目包括单位名称、账簿、名称及编号、账簿页数、账簿起止日期、经管人员、结交记录，备注、贴印花税账号等。

固　定　资　产　卡　片　　　　第　　号

类别　　　　　　　　　　　　年　　月　　日

编号		名称		新旧程度		财产来源	
牌号		规格		财产原值		保管地点	
数量		特征		来源时间		已使年限	
所属设备							
折旧价格		折旧年限		年折旧额		清理残值	
备注							

图3-4　卡片式账簿

③财务报告和其他会计资料的组卷

财务会计报告主要包括月度、季度、年度财务会计报告及其审计报告，其主体部分是各种会计报表、会计报表附注和财务情况说明书。

其他会计资料主要包括年度内部控制评价报告及内部控制审计报告。

（2）档案装订

档案装订是指将组卷好的会计凭证、会计账簿、会计报告或其他会计资料按照《会计档案案卷格式》要求进行装订。

①会计凭证的装订

会计凭证在装订之前要制作成适用装订的格式，凭证外面要加封面、封底，尺寸规格采用 245mm × 130mm（长 × 宽）或 245 × 150mm（长 × 宽）；凭证封面和封底宜采用 126 克以上牛皮纸制作。

会计凭证在装订前需要进行如下准备工作：

➢ 按凭证编号顺序排列，检查日期、编号是否齐全。

➢ 按凭证汇总日期归集（如按上、中、下旬汇总归集）确定装订成册的本数。

➢ 摘除凭证内的金属物（如订书钉、大头针、回形针），对大小不一的凭证要折叠或粘贴成与记账凭证单大小相同的规格，且要避开装订线，保持数字完整以便翻阅。

➢ 整理检查凭证顺序号，如有错误需要重新排列，发现缺号要查明原因；检查附件是否漏缺，领料单、入库单、工资、奖金发放单等凭据是否随附齐全。

➢ 记账凭证上有关人员（如财务主管、复核、记账、制单等）的印章是否齐全。

依据财政部《会计基础工作规范》第五十五条规定：会计凭证装订时，对于较多的原始凭证可以不附在记账凭证之后，如发货票、收货单、领料单等，而是单独装订成册，在封面上注明记账凭证的日期、编号、种类，然后在记账凭证上注明“附件另订”（或“所附原始凭证另订”）和原始凭证的名称、编号。

凭证左侧和上方对齐后，用“两孔一线法”或“三孔一线法”装订，装订凭证厚度一般应在 2 厘米左右（见图 3－5、图 3－6）。

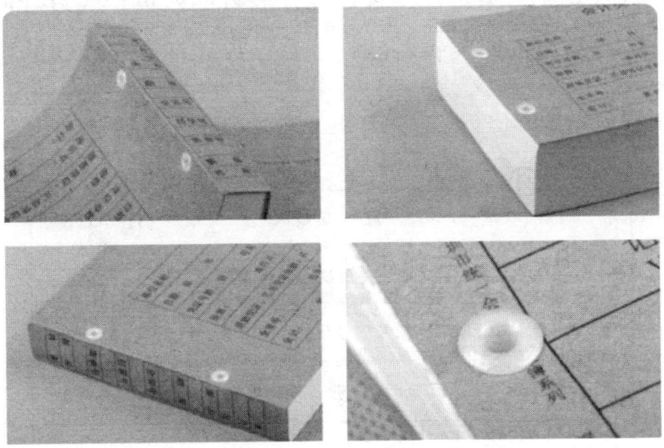

图 3－5　“两孔一线法”成品

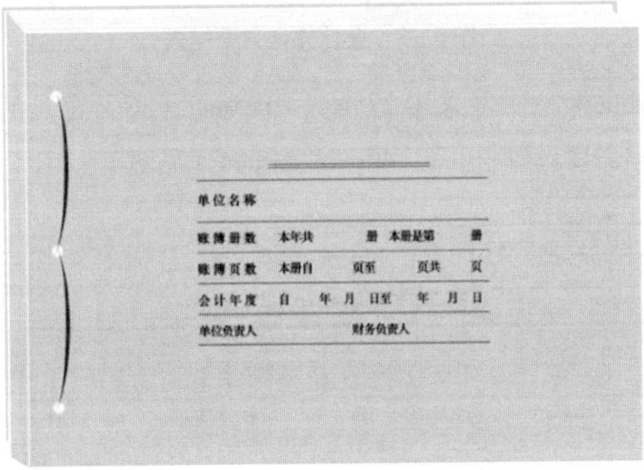

图 3－6　“三孔一线法”成品

会计凭证封面的填写需要遵循一定的规范，如单位名称处填写形成会计档案的单位名称（全称或通用简称）；会计凭证名称处填写能够反映会计凭证用途或内容的名称，如收款凭证、付款凭证、转账凭证或基建凭证、工会凭证、预算外凭证等；时间处填写本册会计凭证的起止年月日；册数处填写会计凭证的册数；册次处填写本册会计凭证的序号；记账凭证起止号处填写本册记账凭证起号和止号；记账凭证数处填写记账凭证的张数；附件数处填写本册记账凭证附件的张数；会计凭证总数处填写本册所

数字化时代的采集存储——电子影像&电子档案系统

有凭证的会计张数；会计主管处填写单位内部具体负责会计工作的中层领导人员；装订人处填写负责该本会计凭证装订的人员；装订时间处填写该本会计凭证装订结束的时间；备注处填写该项凭证需要说明的事项（见图3－7）。

单位名称：　　　　　　　　　　凭证名称：

时　间	自　年　月　日至　年　月　日止		
册　数	共　册	册次	本册是第　册
记账凭证	本册自第　号至第　号　共　张		
附　件	共　张	本册凭证合计　张	
备　注			

会计主管　　　　　　装订人　　年　月　日

图3－7　会计凭证封面样式

会计凭证的装盒一般采用275mm×155mm（长×宽）的尺寸，盒脊的厚度可根据需要设置30mm、40mm、60mm（见图3－8）。

全宗号	目录号	案卷号

会计档案凭证盒

单　位 名　称			凭证 名称			
时　间	年　月共　册		本盒装第　册			
记账凭证	自　号至　号		附 件	张	本盒内共　张	
起止日期	自　年　月　日至　年　月　日止					
归档时间		立卷人		保管期限		

全宗号
目录号
案卷号
年　度
月
共　册
第　册
保管期限

图3－8　会计档案凭证盒及背脊

②会计账簿的装订

会计账簿一般采用"三孔一线法"的装订方法，装入账簿盒进行保管（见图3－9）。

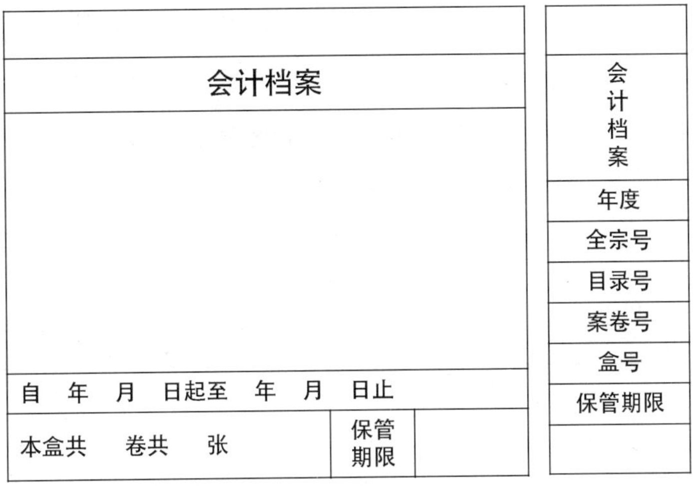

图 3-9　账簿盒封面及背脊

③会计报告和其他材料的装订

会计报告和其他材料装订时应注意会计报表应折叠成 A4 规格的纸张大小，使用会计档案封面。组卷时也可以按会计报告的幅面设计软封面，放入 A4 大小的卷盒中保管。

（3）档案排列

会计档案一般根据档案分类方案进行排列，主要有以下五种分类方案：

方案一："会计年度—会计核算材料的种类—保管期限分类法"，其适用于大多数机构（见表 3-2）。

表 3-2　会计年度—会计核算材料的种类—保管期限分类法

2018 年	凭证	30 年
	账簿	30 年
	报表	永久
	……	……
2019 年	凭证	30 年
	账簿	30 年
	报表	永久
	……	……
2020 年	……	……

方案二："会计年度—保管期限—组织机构分类法"，其适用于财政部门（见表3－3）。

表3－3　　会计年度—保管期限—组织机构分类法

2018年	永久	预算处
	永久	工财处
	30年	办公室
2019年	永久	预算处
	永久	工财处
	30年	办公室
2020年	……	……

方案三："会计年度—会计类型—会计核算材料的种类—保管期限分类法"，其适用于税务部门（见表3－4）。

表3－4　会计年度—会计类型—会计核算材料的种类—保管期限分类法

2018年	税收会计	凭证	30年
		账簿	30年
		报表	永久
		……	……
2019年	经费会计	凭证	30年
		账簿	30年
		报表	永久
		……	……
2020年	……	……	……

方案四："保管期限—会计年度—会计核算材料分类法"（见表3－5）。

表3－5　　保管期限—会计年度—会计核算材料分类法

永久	2018年	报表……
	2019年	报表……
	……	……
30年	2018年	凭证、账簿……
	2019年	凭证、账簿……
	……	……
10年	2018年	银行余额调节表……
	2019年	
	……	

方案五："会计核算材料的种类—会计年度—保管期限分类法"（见表3－6）。

表3－6　　会计核算材料的种类—会计年度—保管期限分类法

凭证	2018年	30年
	2019年	30年
	……	……
账簿	2018年	30年
	2019年	30年
	……	……
报表	2018年	永久
	2019年	永久
	……	……

具体排列编号法有以下两种：

第一种是年度流水编号法，适用于"会计年度—会计核算材料的种类—保管期限分类法"。按财务报告、会计账簿、会计凭证和其他类的顺序排列，一年的全部会计档案编一个大流水号（案卷号）。

第二种是分类流水编号法，适用于"会计核算材料的种类—会计年度—保管期限分类法"。会计凭证、会计账簿、财务报告和其他类按类别分开排列，各编一个流水号（案卷号）。

（4）档案编目

档案编目是会计档案整理的最后一道工序，目的是为了使会计档案实体整理的成果得以固定，便于会计档案的保管和查找利用。

会计档案目录既是会计档案的保管清册，也是会计档案的检索工具（见表3－7）。会计档案目录应根据会计档案的分类方案和案卷的排列编号顺序进行编制，内容包括案卷号、类别、题名、起止时间、保管期限、卷内张数和备注等信息（见表3－8）。

表 3-7　　会计档案目录示例

案卷号	类别	题名	起止时间	保管期限	卷内张数
1	财务报告类	××公司 2005 年度会计决算报表及财务分析	20051220 20060115	永久	41
2	财务报告类	××公司 2005 年度会计月报表	20050101 20051231	永久	73
3	会计账簿类	××公司 2005 年度现金日记账	20050101 20051231	25 年	18
4	会计账簿类	××公司 2005 年度银行日记账	20050101 20051231	25 年	34
5	会计账簿类	××公司 2005 年度会计总账	20050101 20051231	15 年	21
6	会计账簿类	××公司 2005 年度会计明细账	20050101 20051231	15 年	36

表 3-8　　会计档案装订与编目要求

类别	装订	卷内目录	封面	装盒	备考表	案卷目录
凭证	左上角	不需	凭证封面	凭证盒	不需	需要
账簿	三孔一线	需要，交接表	无	档案盒	需要	需要
报表	三孔一线	需要	无	档案盒	需要	需要
其他资料	三孔一线	需要	无	档案盒	需要	需要

3.2.3　档案保管

（1）档案的保管期限

装订成册的会计凭证要按年分月顺序排列，指定专人保管。年度终了后，可暂由财务部门保管一年，期满后，编造清册移交本单位档案部门保管；未设立档案机构的，应当在会计部门内部指定专人保管。

会计档案保管期限的开始时间为会计年度终了后的第一天，分为永久、定期两类，定期保管期限一般分为 10 年和 30 年（见表 3-9）。具体每一卷会计档案的保管期限，严格按照《会计档案管理办法》规定的

《会计档案保管期限表》来确定。

表3-9　企业和其他组织会计档案保管期限表①

序号	档案名称	保管期限	
一	会计凭证		
1	原始凭证	30年	
2	记账凭证	30年	
二	会计账簿		
3	总账	30年	
4	明细账	30年	
5	日记账	30年	
6	固定资产卡片		固定资产报废清理后保管5年
7	其他辅助性账簿	30年	
三	财务会计报告		
8	月度、季度、半年度财务会计报告	10年	
9	年度财务会计报告	永久	
四	其他会计资料		
10	银行存款余额调节表	10年	
11	银行对账单	10年	
12	纳税申报表	10年	
13	会计档案移交清册	30年	
14	会计档案保管清册	永久	
15	会计档案销毁清册	永久	
16	会计档案鉴定意见书	永久	

（2）库房管理

库房管理工作是企业档案保管工作的主要内容，是档案保管工作的基础，包括档案库房的布局，档案架（柜）的排放和编号，档案的存放和全宗排列，建立全宗卷，温、湿度调节和清洁卫生管理，保卫和保密管理，防火的管理，档案在搬动中的保护等方面。

① 中华人民共和国国家财政部．会计档案管理办法［EB/OL］．http：//tfs. mof. gov. cn/caizhengbuling/201512/t20151214_1613338. htm。

①档案库房的布局

库房布局是指对库房的使用安排及对库房区间和保管区段的划分。库房区域应尽可能集中，同一基本大类的企业档案应尽量安排在一个房间或几个相邻的房间中；办公室、阅览室等应靠近库房门口及楼梯间；业务技术用房应尽量布置在库房的一楼；利用频率较高的企业档案应放在靠近办公室的房间里。

库房房间较多的企业档案部门，应编制库位号及库位索引进行定位管理。库位号一般由房间号、柜架号及搁板号构成。其中柜架号自房间入口处计，从左到右依次编排；搁板号以一组档案柜架为准，从上到下依次编排；确定了库位号后，就应在此基础上制成库位索引。

②档案架（柜）的排放和编号

库房中的档案架（柜）的排放，应符合下列几个要求：

➢ 排列一致，横竖成行，如有大小式样不同的架（柜）子，则应适当分类，尽可能做到整齐一致。

➢ 有窗库房的架（柜）子的排列，应与窗户垂直，以避免强烈光线直射；无窗库房的架（柜）子的排列，纵横摆放均可，但应注意不要有碍通风。

➢ 架（柜）子排列应最大限度地利用库房的地面与空间，并要便于档案的搬运和取放，不宜太松或太紧。

③档案的存放和全宗排列

全宗是一个机关、企业、事业、团体、组织或个人（一般指社会名人）在社会活动中形成的，彼此具有历史联系或逻辑联系的档案文件综合体。企业档案存放应按全宗进行，一个全宗内的档案应集中在一起。全宗排列法主要有两种，即全宗顺序号流水排列法和全宗分类排列法。前者对库房空间和全宗实体的安排比较方便，后者则对全宗的系统管理和全宗的信息控制较为有利。在安排一个全宗内案卷的排列次序时，必须严格地按照全宗内既定的分类体系和案卷的顺序号进行，以保持案卷之间的联系。

当确定了全宗和案卷的排放次序以后，便可以组织上架。上架的次序应根据档案架（柜）及其“栏”“格”的编号次序进行。

企业档案的存放通常采用竖放的方式，这样做的好处是检取和存放案卷比较方便。而对于那些珍贵档案和不宜于竖放的档案（如卷皮质软、没有装订的案卷、画幅过大等），通常采用平放的方法，使文件保持舒展，有利于保护档案。

平放档案时，为了取放方便和避免文件承担过重的压力，堆叠的高度以不超过40厘米为宜。

④建立全宗卷

在企业档案管理工作中，专门为了保存和管理某一全宗而形成的能够说明全宗历史情况的文件材料，以全宗为单位组成的专门案卷，即称为“全宗卷”。全宗卷是在企业档案室本身的工作活动中形成的一种档案，它与档案室所保管的全宗有密切的联系，是对全宗进行整理、鉴定、统计、提供利用以及进一步收集该全宗范围内档案的重要依据，也是档案室管理全宗和保管工作人员掌握全宗情况的不可缺少的一种工具。因此，全宗卷应单独集中，按全宗顺序保管。

⑤温、湿度调节和清洁卫生管理

科学地控制温度和湿度，保持库房的环境和库内卫生，是做好企业档案保管工作的重要措施之一。为有效地完成这些任务，必须按照档案保护的技术要求，建立库房管理制度，坚持进行各种测定和防治，采取一系列必要的具体措施。

⑥保卫和保密管理

档案是企业的文化财富，其中许多是机密性的。企业档案工作人员必须时刻提高警惕，加强库房的各项保卫保密工作以保证档案的安全。档案库房一定要有严密的管理制度。库房管理人员首先应做好防盗，必须堵塞一切可能失窃的漏洞。非库房管理人员，未经批准，不得随便入库。珍贵的、绝密的档案应放入保险柜，在专门的地点保存。出入库房的档案应进行仔细的清点和登记。

企业在库房管理工作上还必须杜绝一切失密的可能，管理人员非因工作不得谈论档案内容。关于库房内档案的存放状况和管理制度的具体内容，也应列入企业档案室的保密范围。

⑦防火的管理

企业档案管理部门必须建立防火制度，并把防火作为经常性的重要任务之一。防火工作的管理主要体现在三个方面：

➢ 加强检查，消除一切发生火灾的可能性

要定期检查电气设备，对出现问题的设计即刻进行修理。库房内应严禁吸烟，禁用移动式的火烛。规模大的库房应安装避雷针。

➢ 做好灭火的准备

有条件的库房可安装自动灭火设备或消防栓。一般均应备有灭火工具、沙箱和充足的水源，这些都应设在便于取用的地方。档案管理部门应当经常组织防火教育，学习有关的理论知识和技术方法。

➢ 拟制档案抢救方案

企业应根据档案的重要程度、机密程度和库房的内外条件拟定抢救方案，规定抢救档案的先后次序、搬运路线、搬运方法、人力及设备。还可设想发生火灾的可能性，拟定救火方案，以备发生火灾时可指挥有序，抢救出最贵重的档案，并避免在抢救过程中发生遗失。

⑧档案在搬动中的保护

由于种种原因，库内档案有时需要搬动，档案在搬动过程中可能会遭到不同程度的机械磨损和污染。因此，应注意档案在搬动中的保护措施。

在库房内搬动数量较多的案卷时，必须准备一定的工具，如小型的手推车、案卷托板等。如果不使用搬运工具，那么每次搬动的案卷不要太多，以免损坏档案。有的档案如需要捆扎搬运，此时应注意禁止使用粗糙的捆扎用料或方法。取放档案必须轻拿轻放，禁止搓揉、挤塞或撕裂档案。整理、捆扎和暂放档案的位置与条件等均应注意。

做好搬动中的保护工作，除了物质和技术措施以外，特别重要的是，要求档案管理人员有高度的责任心和踏实细致的工作作风，不负责任、粗枝大叶是搬动中发生机械磨损和污染的主要根源。

（3）档案保管方式

《会计档案管理办法》对会计档案的保管提出了明确要求，单位的档案机构或者档案工作人员所属机构（以下统称单位档案管理机构）负责管理本单位的会计档案。单位也可以委托具备档案管理条件的机构代为管理会计档案。

①单位自行保管

当年形成的会计档案，在会计年度终了后，可由单位会计管理机构临时保管一年，再移交单位档案管理机构保管。企业常设两种档案管理机构，分别是会计档案室和综合档案室。

会计档案室是形成会计档案较多的单位建立在财会部门的专门性会计档案机构。有些大型或特大规模的企业，为加强对会计档案的集中统一管理，将所属机构的会计档案有效集中起来保管，以保证会计档案的数量齐全、系统整理、鉴定有序、保管得当，因此需要建立专门的会计档案室。

综合档案室是国家机关或企事业单位建立的一种负责收集和保管本单位各种门类档案的内部性档案管理机构。综合档案室统管本单位党政工团、科技、会计、经营等方面的全部档案。

因工作需要推迟移交的，应当经单位档案管理机构同意。单位会计管理机构临时保管会计档案最长不超过三年。临时保管期间，会计档案的保管应当符合国家档案管理的有关规定，且出纳人员不得兼管会计档案。

单位会计管理机构在办理会计档案移交时，应当编制会计档案移交清册，并按照国家档案管理的有关规定办理移交手续。

②委托外部档案管理机构代为保管

随着国内经济的快速增长，公司企业、社会团体和自然人产生了大量档案，档案保管外包服务应运而生，许多企业选择档案外包管理服务（见图3－10）。档案外包机构服务内容已日趋多元化、精细化。从最基本的档案整理和寄存，拓展到档案信息数字化，并向档案管理自动化、档案信息传输网络化、档案资源共享化的方向发展。档案外包的业务范围不再局限于档案管理和信息处理本身，而是延伸至更深层次的档案信息开发、保管利用以及档案管理系统和新型存储检索技术研发，为满足广大客户快速、高效、准确的档案管理利用需求创造了极为有利的条件。

档案外包机构通常具有较高的专业性，以下以某外包公司的档案管理配置列举说明：

➢ 团队专业：配备专业的运营团队，设立运营中心，“一站式”解决客户所有服务要求，并通过强化服务智能、确定服务标准，不断地优化服务流程。

➢ 存储环境优越：置物架配备通风罩以方便空气流动；置物架所有过道均配备防爆灯。

➢ 安全性高：置物架按照烟雾、温度和人工三种声光报警方式划分为多个火灾区域，某一区域发生火灾并不会影响其他区域，可以尽可能降低损失；存储区门窗配备红外网络安全系统，抵御外来入侵；存储区配备无死角监控，采用中央在线管理模式，企业可随时查看档案所在区域的存储状态。

➢ 专业运输、快速调阅：档案管理机构通常配备专业的运输团队，提供24小时运输服务，在档案的转移、调阅过程中提供运输安全保障。

➢ 机密销毁：档案管理机构提供档案机密销毁服务，保护客户隐私，降低档案处置风险。

图3-10　档案保管机构存储仓库

3.2.4　档案借阅

企业的档案借阅包括实物档案借阅和电子档案借阅，一般包括借阅申请、借阅审批、档案入库或归还三大环节（见图 3 - 11）。

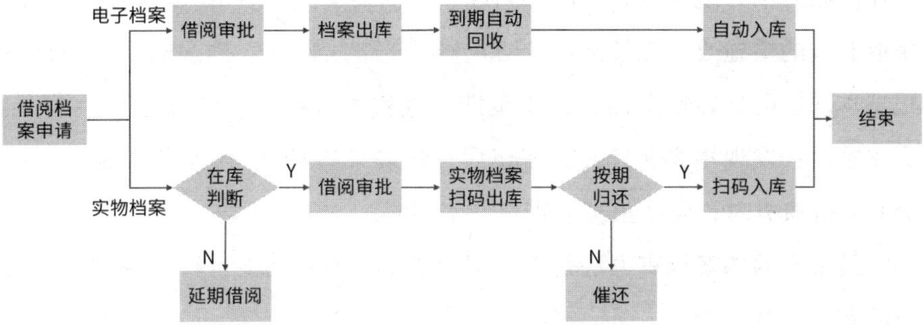

图 3 - 11　会计档案借阅流程

（1）档案借阅申请

一般情况下，档案借阅需要填写档案借阅申请单，包括借阅用途、借阅档案类型（电子、实体）、借阅时间、预计归还时间、借阅方式等信息。

（2）档案借阅审批

审批人根据权限进行档案借阅审批。审批人可以对借阅人的需求进行修改，包括归还时间、打印和下载等需求。

（3）电子档案入库/实物档案归还

电子档案借阅到期后，查询权限自动关闭。实体档案借阅到期后，系统可提醒借阅人归还档案。实体档案借出和归还都可通过条码扫描的方式进行。

一般情况下借阅会计实物档案，不得拆散原卷册，不得在案卷中乱写乱画，不得携带出档案室，也不得涂改抽换、携带外出或复制原件。有需要复制或抄录的凭证，需经由单位领导批准后实施。对于借出的会计档案，会计档案管理人员要按期如数收回，并办理注销借阅手续。有些企业还规定所有内外部会计档案借阅，一律由借阅单位财务部档案管理员全程陪同，借阅地点仅限本单位档案室或财务部。

3.2.5　档案盘点

档案盘点是指企业对档案的实有库存数量进行全部或部分清点，以明确掌握一段期间内档案状况。

定期和不定期地对档案进行检查，是企业档案管理工作中的一项重要工作。只有细致地检查，才能确切地了解档案安全保管的具体情况，从而采取有效的措施改善保管条件，防止档案被继续损坏。档案的定期检查可根据本部门的具体情况而定；不定期的检查，应在下列情况进行：水灾、火灾之后；发现档案遗失或被盗窃后；怀疑某些档案（ 如利用频繁的部分）是否遗失时；发生虫害、霉烂、水湿时。

最基本的档案检查方法是以登记的簿册与实际档案进行对照和检查人员的实地观察，检查人员应当由比较有经验的人来担任。使用电子档案系统进行档案管理的企业在实物档案盘点时，可以用扫描枪扫描二维码，系统可自动记录档案状态。对于电子档案，依据系统记录和档案实物位置之间的关联关系，可完成自动盘点。档案检查必须有检查记录，检查记录应以全宗为单位，最后根据记录出具检查报告。

3.2.6 鉴定销毁

会计档案的销毁是会计档案管理的重要环节，而对到期会计档案进行鉴定是档案销毁的前提和基础。

企业应当定期对已到保管期限的会计档案进行鉴定，并形成会计档案鉴定意见书。经鉴定，需要继续保存的会计档案，应当重新划定保管期限；对保管期满，确无保存价值的会计档案，应同意销毁。会计档案鉴定工作应当由单位档案管理机构牵头，组织会计、审计、纪检监察等部门人员共同进行。

会计档案的鉴定周期、频率可视企业的实际情况而定。如果每年到期档案量不大且库房空间充足，可每隔几年鉴定一次，如果每年到期会计档案量比较大，且库房空间有限，应每年开展一次档案鉴定工作。

单位对于已经到期但仍然具有继续保存价值的会计档案，应重新划定其保管期限。

重新划定保管期限的会计档案，通常包括两种情形：一种是需保存较长时间的，建议以鉴定时点为起点，仍按《会计档案管理办法》附表列示的保管期限进行划定；另一种是因债权债务未了而需要继续保存的，会计档案继续保存至债权债务事项结束即可。

经鉴定可以销毁的会计档案，应当按照以下程序销毁：

（1）企业档案管理部门编制会计档案销毁清册，列明拟销毁会计档案的名称、卷号、册数、起止年度、档案编号、应保管期限、已保管期限和销毁时间等信息。

（2）单位负责人、档案管理机构负责人、会计管理机构负责人、档案管理机构经办人、会计管理机构经办人在会计档案销毁清册上签署意见。

（3）单位档案管理机构负责组织会计档案销毁工作，并与会计管理机构共同派员监销。监销人在会计档案销毁前，应当按照会计档案销毁清册所列内容进行清点核对；会计档案销毁后，应当在会计档案销毁清册上签名或盖章。

电子会计档案的销毁应当符合国家有关电子档案的规定，并由单位档案管理机构、会计管理机构和信息系统管理机构共同派员监销。

保管期满但未结清的债权债务的会计凭证和涉及其他未了事项的会计凭证不得销毁，纸质会计档案应当单独抽出组卷，电子会计档案单独转存，保管到未了事项完结时为止。单独抽出组卷或转存的会计档案，应当在会计档案鉴定意见书、会计档案销毁清册和会计档案保管清册中列明。

本章小结

会计档案是指单位在进行会计核算等过程中接收或形成的，记录和反映单位经济业务事项的，具有保存价值的文字、图表等各种形式的会计资料，是企业的重要资料之一。单位应当加强会计档案管理工作，建立和完善会计档案的收集、整理、保管、利用和鉴定销毁等管理制度，采取可靠的安全防护技术和措施，保证会计档案的真实、完整、可用、安全。

本章关键词

会计档案　档案组卷　档案整理　档案保管　档案借阅　档案盘点

本章练习题

一、选择题

1. 与文书档案、科技档案相比，会计档案有它自身的特点，主要表现在（　　）。

A. 形成范围广泛　　B. 档案类别稳定

C. 外在形式多样　　D. 监管要求宽松

2. 会计的专业性质决定了会计档案形式的多样化，会计账簿可以分为（　　）。

A. 订本账　　B. 单页账

C. 活页账　　D. 卡片账

3. 会计档案目录既是会计档案的保管清册，也是会计档案的检索工具。会计档案目录应根据（　　）进行编制。

A. 会计档案的分类方案　　B. 会计凭证的日期顺序

C. 案卷的排列编号顺序　　D. 案卷的重要性顺序

4. 案卷排列一般根据会计档案分类方案进行排列，具体排列编号方法包括（　　）。

A. 年度流水编号法　　B. 分类流水编号法

C. 月度流水编号法　　D. 集中流水编号法

5. 当年形成的会计档案，在会计年度终了后，可由单位会计管理机构临时保管（　　），再移交单位档案管理机构保管。

A. 10 年　　B. 5 年

C. 3 年　　D. 1 年

二、判断题

1. 会计档案是指单位在进行会计核算等过程中接收或形成的，记录和反映单位经济业务事项的，具有保存价值的文字、图表等各种形式的会

计资料，但不包括通过计算机等电子设备形成、传输和存储的电子会计资料。（　　）

2.《会计档案管理办法》对会计档案的保管提出了明确要求，单位的档案机构或者档案工作人员所属机构负责管理本单位的会计档案，不可以委托外部人员或机构代为管理会计档案。（　　）

3. 单位档案管理机构负责组织会计档案销毁工作，并与会计管理机构共同派员监销。监销人在会计档案销毁前，应当按照会计档案销毁清册所列内容进行清点核对；在会计档案销毁后，应当在会计档案销毁清册上签名或盖章。（　　）

4. 归档的会计核算材料应符合完整齐全、真实准确、装订成册、区分保存价值、有利于保管和利用的要求，其中纸质会计核算资料除原件外，还应归档一份复印件以备调用。（　　）

5. 会计账簿采用“两孔一线法”或“三孔一线法”装订会计档案案卷封面，装订时应注意贴上封面，装入硬卷盒保管。（　　）

三、思考题

1. 会计档案包含哪些类别？
2. 会计档案管理主要包括哪些工作？

第 4 章　会计档案电子化

本章学习目标

本章围绕会计档案电子化，首先从不同维度介绍了会计档案电子化的背景，其次说明了会计档案电子化的内容，最后阐述了企业应当如何实现档案电子化管理。

通过本章的学习，应掌握：

◇　会计档案电子化的背景

◇　会计档案电子化的含义

◇　实现会计档案电子化的路径

本章知识结构图（见图 4－1）

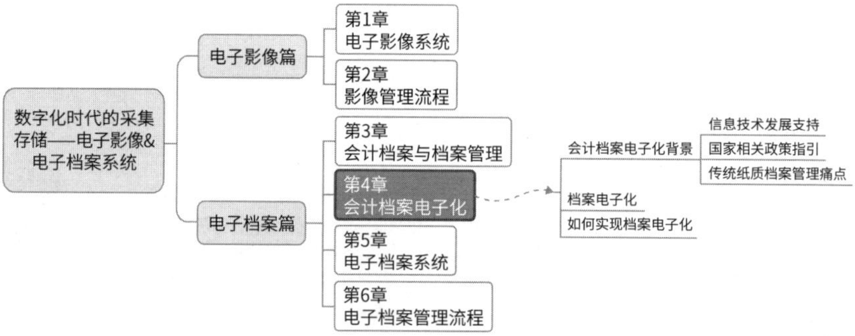

图 4－1　第 4 章框架导图

4.1　会计档案电子化背景

数字化时代企业进行电子会计档案管理转型的推动背景主要分为三个

方面：信息技术发展趋势推动、国家政策和行业发展趋势驱动以及企业内部管理要求驱动。

4.1.1　信息技术发展支持

科学技术和生产力的快速发展为档案管理工作的智能化和数字化转型奠定了基础，OCR 技术、语音识别技术、电子发票等新兴事物的出现促使会计档案管理工作从“手工时代”演变至“电子时代”。当前，会计档案管理模式在科学技术的支撑下持续不断地变革，这些变革推动企业档案管理逐步从“信息化 3.0 时代”向“数字化 4.0 时代”过渡（见图 4－2）。

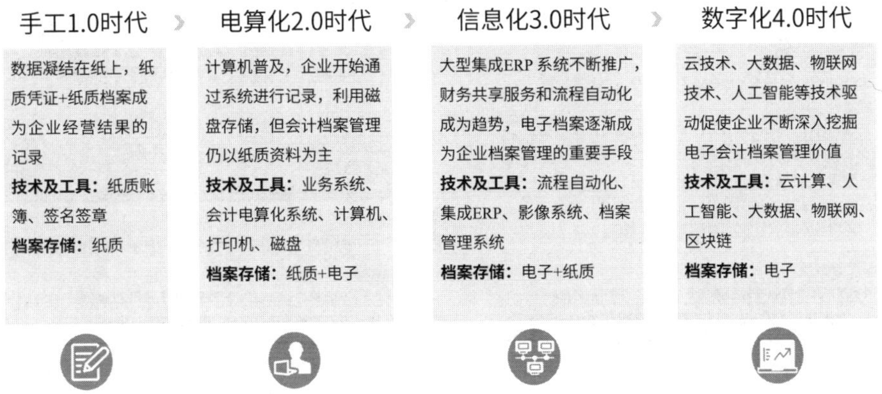

图 4－2　档案信息技术发展趋势

- 手工 1.0 时代，数据凝结在纸上，纸质凭证和其他纸质资料通常作为企业经营结果的记录；
- 电算化 2.0 时代，企业开始通过系统进行记录，利用磁盘存储，但会计档案管理仍以纸质资料为主；
- 信息化 3.0 时代，财务共享服务和流程自动化成为趋势，电子档案逐渐成为企业档案管理的重要手段；
- 数字化 4.0 时代，政策支持和技术驱动促使企业深入挖掘电子会计档案管理的价值。

“数字化 4.0 时代”在档案高效管理的基础上，要进一步考虑如何充分挖掘档案的数据资产价值。数字时代的会计档案管理对企业的影响可能会超乎预期，良好高效的电子会计档案管理已成为企业信息化建设的必选项。

4.1.2 国家相关政策指引

近年来，财政部、国家档案局和有关主管部门大力推进电子会计档案管理，积极开展示范试点工作，并出台了一系列相关规划、规范及指南，明确电子会计档案的法律效力（见图4－3）。与此同时，一系列行业标准的配套实施也为企业电子会计档案管理打下基础，为数字化时代电子会计档案管理提供良好的应用环境。

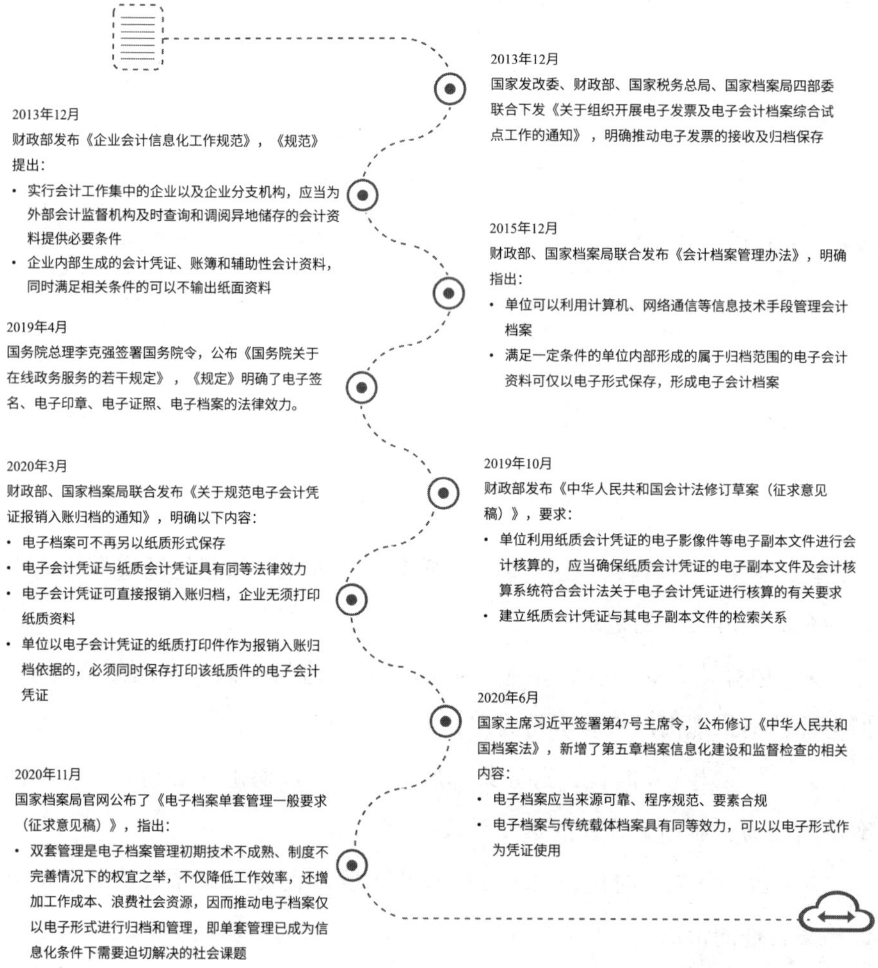

图4－3 电子档案相关国家政策

➢ 2013 年 12 月，国家发改委、财政部、国家税务总局、国家档案局四部委联合下发《关于组织开展电子发票及电子会计档案综合试点工作的通知》，明确提出：

推动电子发票的接收及归档保存。

➢ 2013 年 12 月，财政部发布《企业会计信息化工作规范》，提出：

实行会计工作集中的企业以及企业分支机构，应当为外部会计监督机构及时查询和调阅异地储存的会计资料提供必要条件。

企业内部生成的会计凭证、账簿和辅助性会计资料，同时满足相关条件的可以不输出纸面资料。

➢ 2015 年 12 月，财政部、国家档案局联合发布《会计档案管理办法》，明确指出：

单位可以利用计算机、网络通信等信息技术手段管理会计档案。

满足一定条件的单位内部形成的属于归档范围的电子会计资料可仅以电子形式保存，形成电子会计档案。

➢ 2019 年 4 月，国务院总理李克强签署国务院令，公布《国务院关于在线政务服务的若干规定》，明确了电子签名、电子印章、电子证照、电子档案的法律效力：

电子印章与实物印章具有同等法律效力，加盖电子印章的电子材料合法有效。

电子证照与纸质证照具有同等法律效力。

符合档案管理要求的电子档案与纸质档案具有同等法律效力。

➢ 2019 年 10 月，财政部发布《中华人民共和国会计法修订草案（征求意见稿）》，要求：

单位利用纸质会计凭证的电子影像件等电子副本文件进行会计核算的，应当确保纸质会计凭证的电子副本文件及会计核算系统符合会计法关于电子会计凭证进行核算的有关要求。

建立纸质会计凭证与其电子副本文件的检索关系。

➢ 2020 年 3 月，财政部、国家档案局联合发布《关于规范电子会计凭证报销入账归档的通知》，明确：

电子会计档案可不再另以纸质形式保存。

电子会计凭证与纸质会计凭证具有同等法律效力。

电子会计凭证可直接报销入账归档，企业无须打印纸质资料。

单位以电子会计凭证的纸质打印件作为报销入账归档依据的，必须同时保存打印该纸质件的电子会计凭证。

➢ 2020 年 6 月，国家主席习近平签署第 47 号主席令，公布修订《中华人民共和国档案法》，新增了第五章档案信息化建设和监督检查的相关内容：

电子档案应当来源可靠、程序规范、要素合规。

电子档案与传统载体档案具有同等效力，可以以电子形式作为凭证使用。

➢ 2020 年 11 月，国家档案局官网公布了《电子档案单套管理一般要求（征求意见稿）》，指出：

双套管理是电子档案管理初期技术不成熟、制度不完善情况下的权宜之举，不仅降低工作效率，还增加工作成本、浪费社会资源，因而推动电子档案仅以电子形式进行归档和管理，即单套管理已成为信息化条件下需要迫切解决的社会课题。

4.1.3 传统纸质档案管理痛点

数字信息化时代，企业大量的财务资料以电子化及数据的形式产生，传统纸质会计档案管理在日常运营管理工作中表现出成本较高、效率较低、存在安全隐患及利用受限等诸多问题（见图 4－4）。

➢ 归档步骤繁杂

发票、外部附件、凭证、账簿、报表等电子形式的会计资料均需手动打印、整理、装订、编录、上架归档，每一册都需要精细整理；财务账表归档装订复杂，不断重复进行档案录入的操作，耗时长，易出错。

➢ 管理成本较高

企业会计凭证、账簿、报表等会计材料众多，使用纸质文件输出，会导致耗材成本高、实物存档占用空间，长期保存还会产生高额的存储成本

图 4－4　传统档案管理业务痛点

和人工管理成本（见图 4－5）。除此之外，纸质档案因环境因素、年代久远或保管不善，会导致不同程度的损坏或丢失。

图 4－5　传统实体档案室

➢　档案调阅困难

实物会计档案分散在不同的业务单位，难以智能搜索、准确查找，给需要审阅的人员增加了工作量；异地档案借阅审查需要邮寄，增加了档案遗失风险；档案借出状态无法准确及时掌握、实体档案外借后存在安全风险、无法实现多人同时借阅、传阅性较低。

➢　监管力度较弱

纸质会计资料容易被篡改、伪造，且缺乏有效的监督手段，难以满足安全性要求，无法保证其真实、完整、可用、安全。

➢ 档案利用率低

受限于纸质载体，纸质会计档案存在很大的管理难点和风险点，没有真正实现档案信息的统一和共享。数字时代企业的精细化管理会导致会计档案数量大幅增长，会计档案的管理方式急需变革。企业迫切需要建立一套适用于档案管理新时期发展需求的电子会计档案管理体系，帮助企业高效管理数据资产，让海量电子会计档案充分展现其价值。

4.2 档案电子化

（1）什么是电子会计档案

电子会计档案是指以磁性介质形式储存的会计核算的专业材料，是记录和反映经济业务的重要历史资料和证据，包括电子凭证、电子账簿、电子报表、其他电子会计核算资料等。

（2）归档范围

①内部会计资料电子化

《会计档案管理办法》明确规定[①]，同时满足下列条件的，单位内部形成的属于归档范围的电子会计资料可仅以电子形式保存，形成电子会计档案：

➢ 形成的电子会计资料来源真实有效，由计算机等电子设备形成和传输。

➢ 使用的会计核算系统能够准确、完整、有效地接收和读取电子会计资料，能够输出符合国家标准归档格式的会计凭证、会计账簿、财务会计报表等会计资料，设定了经办、审核、审批等必要的审签程序。

➢ 使用的电子档案系统能够有效接收、管理、利用电子会计档案，符合电子档案的长期保管要求，并建立了电子会计档案与相关联的纸质会

① 国家档案局. 会计档案管理办法［EB/OL］，http：//www. gov. cn/gongbao/content/2016/content_5041555. htm2016 -1 -1。

计档案的检索关系。

➢ 采取有效措施，防止电子会计档案被篡改。

➢ 建立电子会计档案备份制度，能够有效防范自然灾害、意外事故和人为破坏的影响。

➢ 形成的电子会计资料不属于具有永久保存价值或者其他重要保存价值的会计档案。

②外部会计资料电子化

单位从外部接收的电子会计资料，满足内部资料保管条件、并附有符合《中华人民共和国电子签名法》规定的电子签名的，可仅以电子形式归档保存，形成电子会计档案。

（3）档案管理元数据

元数据一般解释为“关于数据的数据”，它被广泛地应用在数据库、图书馆、文档管理等信息资源管理领域。ISO15489 文件管理国际标准将其定义为“描述文件的背景、内容、结构及其整个管理过程的数据”。元数据管理有助于保证电子文件的真实性、完整性、可靠性、可用性，保障电子文件的证据特性，便于对电子文件的理解、管理、交换和利用，是电子文件管理中必不可少的一部分。

随着电子文件的大量生成，有必要为创建、管理、应用元数据建立统一的方案，以系统有效地记录电子文件的内容特征、形式特征、背景和管理过程信息，为电子政务、办公自动化、文件及档案管理系统的设计提供依据，并全面实现元数据的多种功能和用途。[①]

元数据在不同专业领域的作用是不同的，其在数字档案管理中的作用有以下几个方面：

➢ 在元数据中设置业务标识、业务处理人员、责任者、时间戳、MD5 校验（即来源与技术两个方面）等内容，可以追溯电子文件的原貌与变化过程，从而确认电子文件的真实性与准确性。

➢ 在元数据中设置文件内容、结构以及文件之间关联等内容，可以

① DA/T46—2009，文书类电子文件元数据方案［S］. 北京：中国标准出版社，2009。

有效地保护电子文件的完整性。

➢ 在元数据中设置电子文件形成、迁移后的技术环境等内容，可以在长期保存过程中为保证可读性提供必要信息。

➢ 元数据中描述性内容如文件名称、文件编号、主题词等可为利用者提供全方位、多角度的检索入口。

由于元数据本身也是数据，仍需要由计算机等机器设备进行处理，需要对元数据中的元素和结构进行标准定义，需要由特定的文件格式进行封装。良好的元数据编码需要具备一定的条件，如形式化的表达、兼顾机器可读与人工可读、数据不受技术迁移约束、能够长期保存等。

4.3 如何实现档案电子化

不同于传统的会计档案管理，电子会计档案管理需求按成熟度可以划分为纸质档案电子化、管理信息化和数字化赋能三个阶段（见图 4－6）。

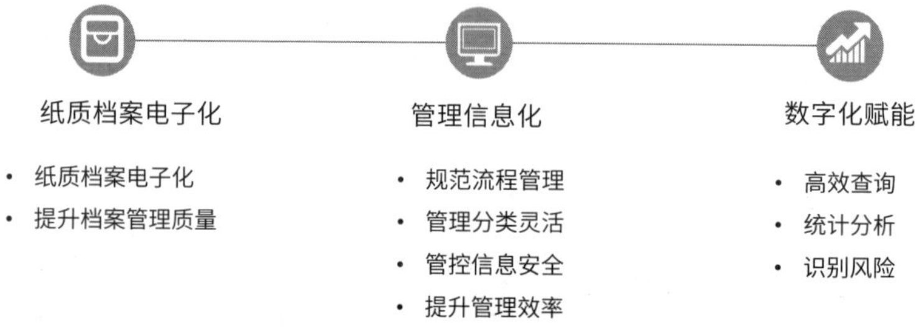

图 4－6 电子会计档案管理发展阶段

随着档案电子化，企业档案管理不再仅仅关注档案收集、整理、保管等重复性较高但难度较低的工作，而希望能够从档案数据中挖掘更多的会计信息资产管理价值，让会计档案成为企业信息资产管理的坚实后盾。

档案电子化为企业电子会计档案信息资产管理奠定了基础，使企业重塑会计档案信息资产管理价值成为可能，在这个过程中企业需要特别关注管理方式、管理流程、系统建设、管理意识和制度建设五个方面。

（1）重新定义档案管理方式

随着政策推进和技术发展，企业会计档案电子化会逐渐普及，这要求企业采取新的档案管理方式来满足新形势下会计档案的管理需要。企业需要根据自身的特性及合理的评估方法，充分评估各类档案的格式、系统要求、系统环境等因素，从而针对性地制定企业各类会计档案的管理策略和方式。

（2）建立高效档案管理流程

电子档案系统基于安全性、实用性和开放性原则，将财务与业务相关系统产生的各类信息、纸质单据转化为电子档案，降低了实物档案的邮寄成本和保管成本。企业对电子档案的归档、借阅、销毁全流程进行规范管理，并实现会计档案的电子借阅和实物借阅管理，有利于提升档案管理效率，保障档案管理安全。

企业在档案管理流程的建设过程中应当关注电子会计档案整体方案的合规性、电子会计档案内容组成的信息性、电子会计档案形成过程的一致性、电子会计档案技术应用的先进性，确保档案管理流程安全高效。

（3）规划档案管理系统建设

数字化时代下，当企业电子会计档案管理转型战略清晰、目标明确、资源准备充分之后，首要任务就是确立整个电子会计档案管理的系统架构。电子档案系统可以实现企业实体档案的信息化，并且将企业的电子档案和实体档案进行关联管理，系统架构模型的确立不仅决定了现有企业会计档案管理的管理和运营方式，对后续业务与财务一体化信息系统布局、财务管理和业务运营组织能力拓展也有着深远的影响。

电子档案系统以影像技术为支撑，以会计核算系统为基础，进一步与报账系统等企业其他信息系统进行集成。企业在关注电子会计档案管理系统自身的系统架构的同时，也需要关注与前端财务系统、业务系统的系统间集成，明确对相关系统的改造需求，以提高会计信息内外部集成水平，满足电子会计档案的统一格式标准和收集管理需求。

（4）重塑电子档案管理意识

企业应当注重对档案管理者和工作人员的意识重塑，将档案管理的发展趋势和应对措施进行宣贯，帮助档案管理者转变管理意识，从而确保新的管理理念在企业中得到落实（见图4－7）。

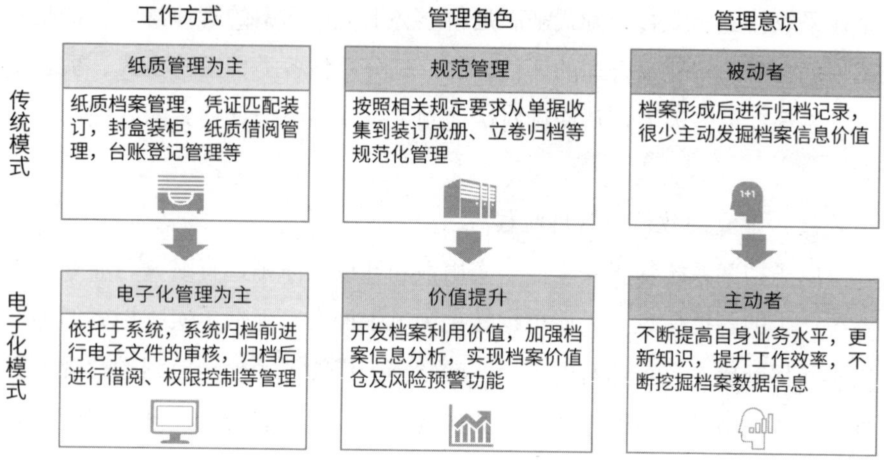

图 4-7　档案管理意识转变

（5）更新配套管理制度体系

会计管理制度的贯彻需要企业内部配套管理体系的支撑（见图 4-8）。在《会计档案管理办法》《企业会计信息化工作规范》等国家政策的指引下，企业应当制定内部的管理制度、操作规范及执行标准来保证各个管理层级对档案管理的统一理解和贯彻落实。

会计档案蕴含重要的信息资产，可以通过国家法规、操作规范、企业特点、管理制度和执行标准五个方面重塑电子会计档案信息资产管理价值的能力，不仅能帮助企业科学高效地进行电子档案管理，也将使企业有机会获得更高的信息资产管理价值，从而为企业的经营管理决策提供支持，助力业务发展和财务价值提升。

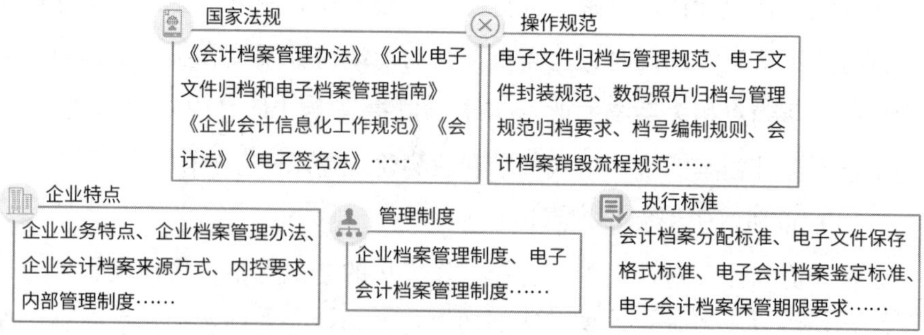

图 4-8　企业会计档案管理制度体系

本章小结

在信息技术、国家政策以及企业自身管理需求的推动下，会计档案趋向于电子化管理。电子会计档案有其不同于纸质会计档案的特点和保管要求。档案电子化推动会计档案信息资产管理价值的提升，企业应当从管理方式、管理流程、系统建设、管理意识、制度建设五个方面实现会计档案信息资产管理价值的重塑。

本章关键词

会计档案电子化　档案管理元数据

本章练习题

一、选择题

1. 新时期的电子会计档案管理需求按成熟度可以划分为（　　）三个阶段。

A. 档案电子化　　B. 管理信息化

C. 信息安全管理　　D. 数字化赋能

2. 传统纸质会计档案管理在日常运营管理工作中表现出（　　）等诸多问题。

A. 成本较高　　B. 效率较低

C. 存在安全隐患　　D. 利用受限

3. 更新配套管理制度体系环节中，企业需要同步更新（　　）三个层次的会计档案管理制度。

A. 管理制度　　B. 操作规范

C. 配套方案　　D. 执行标准

4. 企业重塑电子会计档案信息资产管理价值的能力要求，需要关注（　　）、管理意识、制度建设五个方面。

A. 管理方式　　B. 管理流程

C. 管理价值　　D. 系统建设

5. 电子档案系统基于（　　）原则，将财务与业务相关系统产生的各类信息、纸质单据转化为电子档案，减少实物档案的邮寄成本和保管成本。

A. 安全性　　B. 真实性

C. 实用性　　D. 开放性

二、判断题

1. 会计档案管理趋向于电子化管理，数字化时代企业电子会计档案管理转型推动背景主要分为三个方面：信息技术发展趋势推动、国家政策和行业发展趋势驱动、企业内部管理要求驱动。（　　）

2. 单位从外部接收的电子会计资料，满足内部资料保管条件并附有符合《中华人民共和国电子签名法》规定的电子签名的，可仅以电子形式归档保存，形成电子会计档案。（　　）

3. 数字时代下，当企业电子会计档案管理转型战略清晰、目标明确、资源准备充分之后，首要任务就是确定整个电子会计档案管理系统的建设周期。（　　）

4. 企业应当注重对档案管理者和工作人员的意识重塑，将档案管理的发展趋势和应对措施进行宣贯，帮助档案管理者转变管理意识，由传统的被动型档案管理者转变为主动型档案管理者。（　　）

5. 档案管理的真实性保障需要通过技术手段，可用的技术包括黑名单技术、信息加密技术、信息甄别技术、访问控制技术、防病毒技术等。（　　）

三、思考题

1. 传统纸质档案管理工作有哪些痛点？

2. 电子会计档案管理需求按成熟度可以划分为几个阶段？

3. 企业应当从哪些维度规划档案管理系统建设？

第 5 章　电子档案系统

本章学习目标

本章以电子档案系统为核心，首先介绍了电子档案系统的基本概念，其次说明了电子档案系统的系统功能、系统配置、对外接口、实施过程以及应用价值。

通过本章的学习，应掌握：

◇　电子档案系统的含义与定位

◇　电子档案系统的功能与配置

本章知识结构图（见图 5－1）

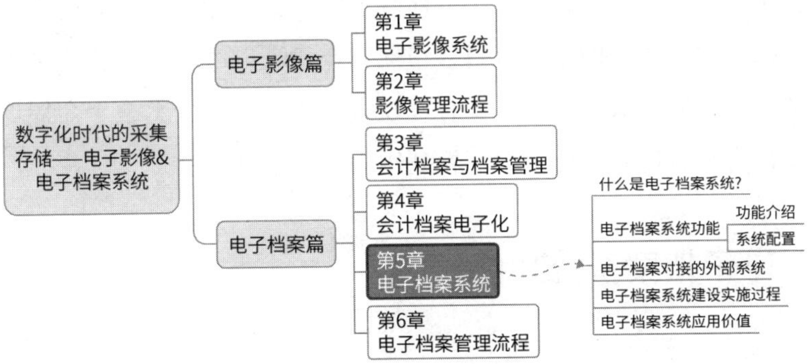

图 5－1　第 5 章框架导图

5.1　什么是电子档案系统？

电子档案系统是财务共享模式下企业的重要信息系统之一，也是财务

数字化时代的采集存储——电子影像&电子档案系统

共享模式下处于整体系统架构末端环节的信息管理系统（见图 5－2）。电子档案系统基于安全性、实用性和开放性原则，将会计核算产生的各类信息、纸质单据转化为电子档案，降低实物档案的邮寄成本和保管成本。系统涵盖档案管理、档案借阅、库房管理三大业务场景，对电子档案的采集、归档、管理、借阅、销毁全流程进行规范管理。

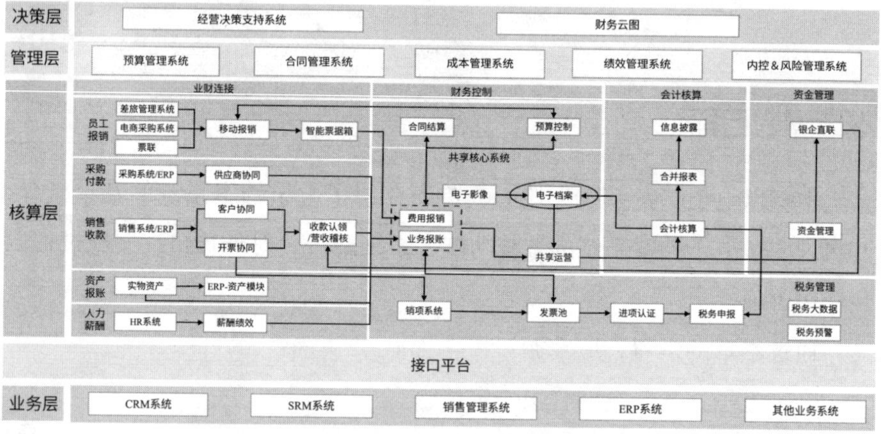

图 5－2　电子档案系统定位

电子档案系统处于财务云平台中的共享核心模块，该系统通过与电子影像系统、票联、会计核算系统等前端系统进行对接，从不同的系统中采集会计档案归档所需的会计资料，帮助企业建立以电子档案为主、纸质档案为辅的、新型高效的会计档案管理模式，实现会计档案全生命周期的线上流转，为企业提升会计档案保管利用效率奠定基础。

5.2　电子档案系统功能

5.2.1　功能介绍

电子档案系统以影像技术为支撑，以企业核算系统凭证信息为基础，进一步与费用报销、会计核算等系统进行数据集成，全面快捷地采集、归档企业各类电子信息，实现简便、快捷、高效率的原始凭证全面电子化管理，全面支撑企业的监管体系和内控体系，实现了企业档案的电子化，以及企业电子档案和实体档案关联，主要包含电子影像、电子凭证、查询统计、档案借阅、库房管理等功能模块（见图5－3）。

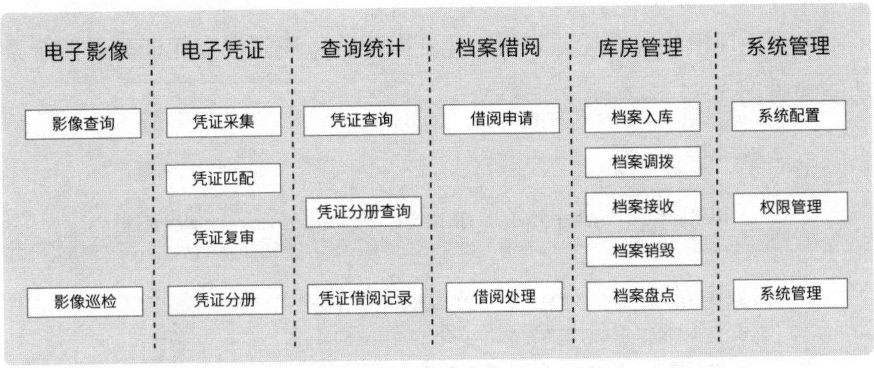

图5－3　电子档案系统功能框架

（1）电子影像

电子影像模块包括影像查询和影像巡检两个子功能（见图5－4）。

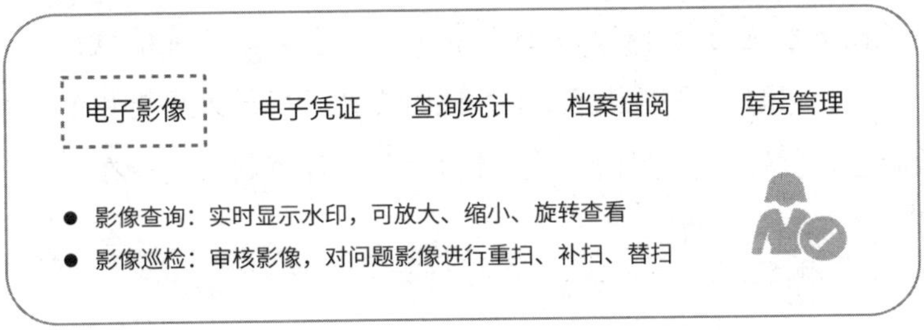

图5－4　电子影像子功能

➢ 影像查询

电子档案系统的影像查询功能与电子影像系统的查询功能一致，即系统支持查看电子影像系统导入的所有分配在本人名下的影像详情；支持多维度搜索查询及在线查看所选影像单据详情；可进行下载、打印、放大、缩小、拖拽操作。

➢ 影像巡检

影像巡检功能是指对已经生成的原始凭证影像文件的质量进行复核，确保所有的电子文档符合电子档案管理规范的要求，确认影像单据的电子流和实物流是否一致，是否满足归档要求。对不满足归档要求的影像可退回重扫、补扫，或作废影像，并及时更新影像文件状态。

（2）电子凭证

电子凭证模块包含凭证采集、凭证匹配、凭证复审和凭证分册四个子功能（见图 5 –5）。

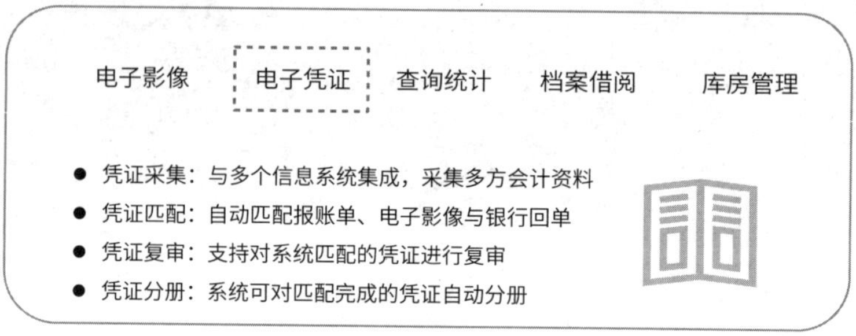

图 5 –5　电子凭证子功能

➢　凭证采集

电子档案系统与会计核算系统对接，可自动采集凭证信息；与银企直联系统对接，可自动采集银行回单；同时支持模板导入采集和手工新增采集，兼容会计凭证、会计账簿、会计报表等会计资料；支持在线修改、暂存草稿、关联归档附件。

➢　凭证匹配

系统支持核算系统中记账单据和生成的电子凭证根据内部编码一致性规则进行后台自动匹配，对于超出规则定义的单据或无影像附件的凭证等自动匹配失败的单据，可手动完成匹配。系统还支持凭证批量赋予无影像附件、批量下载和打印。

➢　凭证复审

系统完成凭证匹配后，档案管理员可以进行复审，进一步确认电子影像和电子凭证的匹配情况，保证单据、影像、凭证的准确对应；系统支持单笔或批量复审通过。

➢　凭证分册

凭证复审通过后，可进行凭证分册，系统支持灵活选择连号分册或断号分册。同时，支持对录入的未入库的凭证册进行修改和拆分。

（3）查询统计

查询统计模块包括凭证查询、凭证分册查询和凭证借阅记录（见图 5－6）。

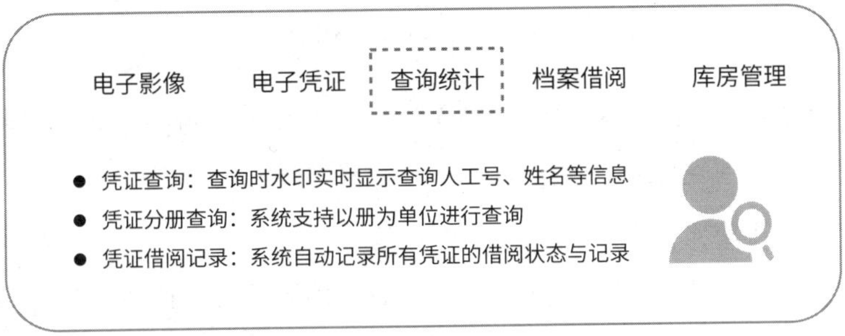

图 5－6　查询统计子功能

➢　凭证查询

查询人根据凭证编号、分册编号等字段可以快速查找档案实际库位信息，实现档案信息高效管理。系统根据查询到的不同法人、不同账簿、不同类别的电子档案在系统内的状态，出具多维度的档案管理报表，可视化展示档案管理云图，支持在线导出凭证信息。对于匹配到单据的凭证，可通过单据编号关联查看单据详情。

➢　凭证分册查询

系统支持按核算主体、年度、月份、类型统计凭证分册，并可钻取查看详情。

➢　凭证借阅记录

系统支持历史借阅记录及借阅审批记录留痕查询，促进档案合规管理。

（4）档案借阅

档案借阅模块包括借阅申请和借阅处理（见图 5－7）。

➢　借阅申请

借阅人可通过档案借阅模块新增电子档案或实物档案借阅申请，系统可记录借阅事由、内容及状态。其中，电子借阅为在线查看，实物借阅包

数字化时代的采集存储——电子影像&电子档案系统

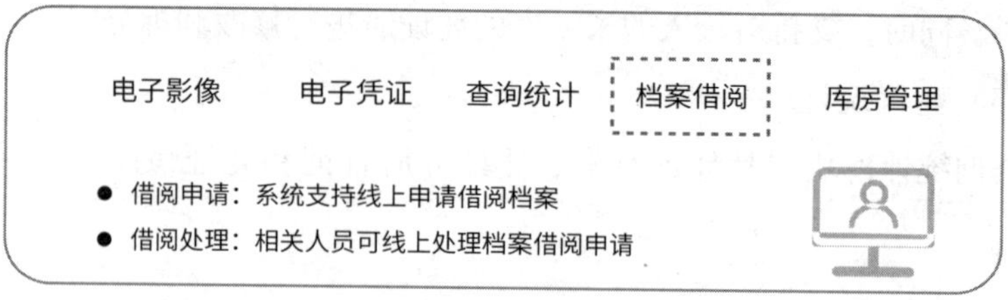

图 5－7　档案借阅子功能

括实物档案领用和实物档案归还操作。借阅人进行借阅操作时，系统会记录会计档案案卷的借阅状态信息。

➢　借阅处理

对于实物单据借阅，在线审批通过后，档案管理员收到出库通知，进行实物领出，系统支持按凭证或按册领用。借阅结束，档案管理员收到归还的实物档案，在档案系统中点击“归还”。系统支持批量领用、批量归还、批量打印和在线导出，并可邮件提醒即将到期或逾期未归还档案。

（5）库房管理

库房管理模块包括档案入库、档案调拨、档案接收、档案销毁和档案盘点（见图 5－8）。

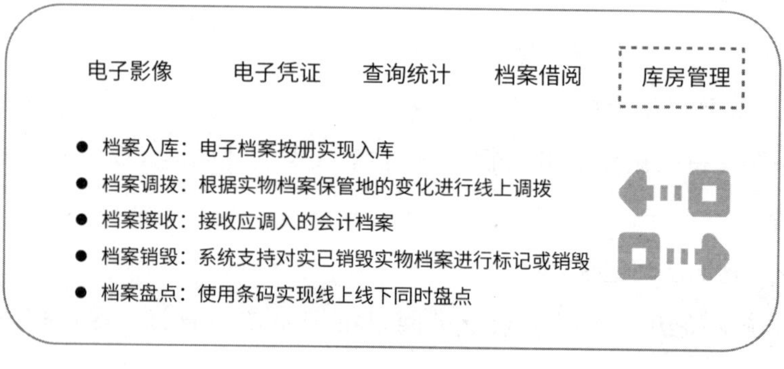

图 5－8　库房管理子功能

➢　档案入库

凭证分册后，可按分册编号起止范围查询、追加或扫描分册条码快速追加分册。档案管理员选择分册后，按照实物存放地点，选择对应库存地点进行档案入库。系统支持批量入库、批量移除。

➢ 档案调拨

档案调出方的档案管理员可按需提交档案调拨申请，按分册编号起止范围查询、追加到待调拨列表，或扫描分册条码的方式追加分册，选择目的库位发起调拨。系统支持批量调拨和批量移除操作。

➢ 档案接收

调入方档案管理员收到调拨申请单，根据实际情况，对调入档案进行接收或退回的操作。操作接收，凭证自动关联电子库位；操作退回，电子库位不发生变化。系统支持在线查看申请调拨的凭证分册及其调拨记录。

➢ 档案销毁

系统可针对档案鉴定无保管价值分册进行档案销毁，执行销毁后在对应案卷信息上做销毁标记，表明对应的实体档案已被销毁，但电子档案数据不做删除处理，仍可在线查看。

➢ 档案盘点

档案管理员也可根据计划组织档案盘点，进行盘点初始化。系统支持批量盘点、扫描分册条码快速盘点，对盘点操作历史可在线查看跟踪，也可导出盘点凭证分册信息及状态。对于盘点错误，可进行撤销。

（6）系统管理

系统管理主要包含企业组织架构的搭建，档案系统基础数据的维护，人员权限的配置，同企业其他系统数据的接口管理等。通过权限的配置提升电子档案数据的安全性，避免企业信息泄露；同时，为了满足档案外包的需求，可以针对不同的企业开放不同的权限进行数据隔离。接口管理可以实现从其他系统获取数据生成档案数据，减少纸质档案转换成电子档案的过程。系统维护人员无须编码或通过少量代码就可以快速响应业务部门的需求，减少运维工作量、降低运维难度。

针对企业不同等级的网络安全要求，电子档案系统提供多种产品安全管理方式以及信息加密技术，为财务信息安全提供保障；系统具备严格的数据权限控制、数据备份、离线归档功能，能够有效降低数据遗失风险。

【延伸阅读】

电子会计档案的“四性”与系统响应方式

财政部、国家档案局2015年12月11日发布的《会计档案管理办法》第十二条规定：单位档案管理机构接收电子会计档案时，应当对电子会计档案的准确性、完整性、可用性、安全性进行检测，符合要求的才能接收。①

那么，与电子档案相关的信息系统如何满足国家对电子会计档案“四性”的要求？

针对电子会计档案的准确性，电子档案系统可以在档案的采集、查验和归档环节进行响应。在采集环节，电子档案系统对接业务系统和核算系统，直接获取电子档案信息，同时可对接微信、支付宝及邮箱，获取电子发票，全流程档案信息不落地，避免人为作假或操作疏漏；在查验环节，系统采集发票信息后，可直接对接发票池及π平台，自动对发票进行查重验真。员工提交报账单时关联发票信息，全流程保证发票的准确性。在归档环节，电子档案系统使用水印、加密等手段，有效防止档案被篡改。

针对电子会计档案的安全性，电子档案系统有一系列安全技术措施，如系统支持异地双数据中心，双重保证电子档案不丢失、不泄露；系统全链路支持https传输，需要通过签名验证访问；底层数据支持局域AES256加密，在硬件报废时，有安全的数据销毁流程；支持fastdfs扩容、分组模式权限及SSL加密传输。

针对电子会计档案的可用性，电子档案系统在单数据中心时，存储的档案信息可用性为99.9%，并且可以跨区域复制。

针对电子会计档案的完整性，电子档案系统的服务端在数据上传后，可以确保文件完整，数据完整性可以达到99.9%。

5.2.2 系统配置

电子档案系统的基础配置主要包括仓库管理、定时管理、人员信息、权限层次和角色配置五部分内容。

---

① 国家档案局．会计档案管理办法［Z］．2015。

（1）仓库管理

仓库管理用于在系统中建立实物档案库基础信息，使档案管理员在进行库房管理、档案调拨等操作时可以对应到实物档案的库位信息（见图5－9、图5－10）。

图5－9　电子档案系统——仓库管理

图5－10　电子档案系统——新建仓库信息

（2）定时管理

定时器用于将其他系统的组织结构、人员信息、凭证信息、影像信息等数据同步至电子档案系统，定时管理用于检查系统定时器数据同步情况（见图5－11）。

图 5－11　电子档案系统——定时管理

（3）人员信息

人员信息界面可以查看由接口同步至档案系统的人员信息，可勾选员工进行“借阅授权”或“撤销授权”，系统默认员工的“部门主管”为借阅申请的第一审批人（见图 5－12）。

图 5－12　电子档案系统——人员信息

（4）权限层次

系统需要针对每一个角色进行相应的权限配置，区分不同核算主体下的用户处理不同档案信息的数据权限，数据权限包括“凭证档案处理”“凭证/借阅审批”“实物借阅审批”（见图 5－13）。凭证档案处理即指定员工进行凭证、档案的处理；借阅类型有电子借阅和实物借阅，通常都需要经过档案组长审批，在凭证/借阅权限处进行分配；实物借阅审批是指为实物借阅的审批人分配相应权限。

图 5 – 13　电子档案系统——权限层次

（5）角色配置

角色配置即为指定角色分配相应的角色资源，可在基础数据平台进行角色配置（见图 5 – 14）。

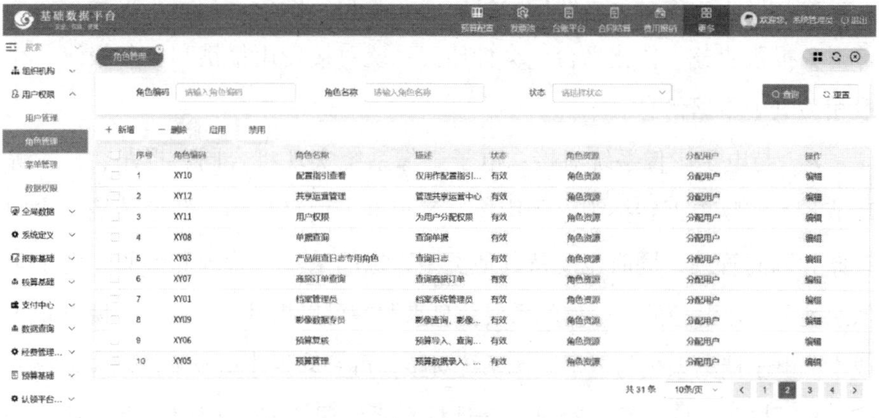

图 5 – 14　基础数据平台——角色配置

5.3　电子档案对接的外部系统

电子档案系统以影像技术与接口技术为支撑，以核算系统为基础，解决企业内部会计信息系统之间信息孤立的问题，提升了企业会计数据加工的自动化水平。根据电子档案系统的信息来源，其主要对接的外部系统有费用报销和业务报账、电子影像系统、会计核算系统和银企直联系统（见图 5－15）。电子档案系统通过与这些系统集成，实现了会计资料采集自动化。

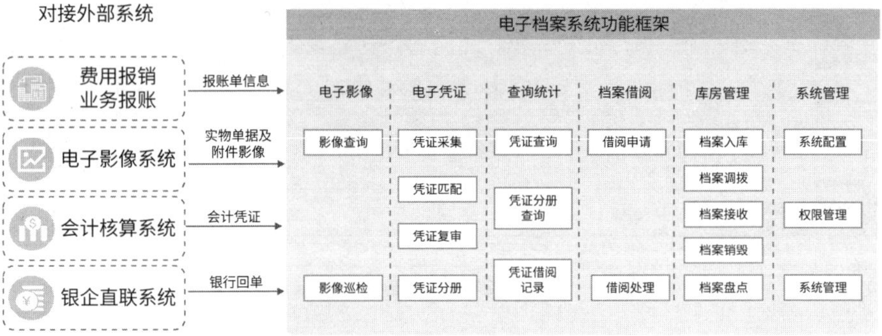

图 5－15　电子档案系统对接外部系统

➢ 与费用报销和业务报账对接：费用报销和业务报账共同组成了报账系统，报账系统是员工费用、供应商、客户、资产、总账、税金、薪酬等财务报账业务一体化平台。会计档案系统对接费用报销和业务报账，获取相关电子单据信息。

➢ 与电子影像系统对接：电子影像系统实现将合同、报账、核算等环节各类实物单据转换为电子影像、实现电子信息采集、影像传输、集中存储和调阅管理，同时也支持其他类型影像的采集、管理和调阅。电子影像系统是企业财务处理工作的重要信息来源，可以提升审核效率、降低审核成本。电子档案系统与电子影像系统对接，可获取报账单及附件影像资料。

➢ 与会计核算系统对接：会计核算系统是一种专门用于会计业务处理的记账软件，主要功能有自动生成记账凭证、处理会计账簿、编制会计报表等。会计核算系统包含多个账务处理模块，如总账模块、应收模块、应付模块、存货模块等，企业所有的业务处理结束后生成的会计凭证都存储于会计核算系统中。电子档案系统对接会计核算系统，能够获取需要归档的会计凭证信息。2004 年，基于国家标准化管理委员会提出的“要符合国家标准撰写格式及语言规范；要使用数据元素表示；会计核算软件数据输出文件要有文本和 XML 格式”的要求，多个组织单位按照企业、行政事业单位、商业银行等维度以文件的形式共同编制了详细的数据接口标准，名为《信息技术　会计核算软件数据接口》[①]，该标准主要包含数据元素的描述规则、接口文件的输出、数据结构等内容。2010 年，相关部门对该文件内容进行了更新。

➢　与银企直联系统对接：企业应用银企直联系统，可以实现与银行之间的信息及时交互，银企直联系统可以对企业发出的支付指令进行及时处理，大大提高了企业的资金处理时效。电子档案系统与银企直联系统进行对接，可以获取电子银行回单，电子银行回单能够与报账单进行匹配归档。

5.4　电子档案系统建设实施过程

企业建设电子档案系统、实施档案电子化的整个过程可以分为八个步骤（见图 5－16）。

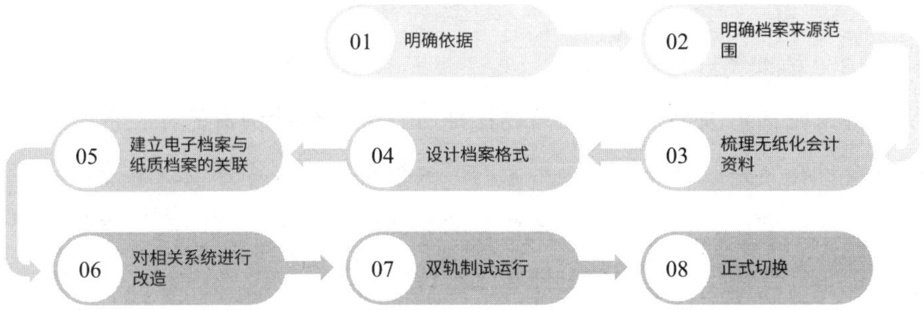

图 5－16　电子档案系统建设实施过程

（1）明确依据

电子档案系统的建设基础是明确具体的建设依据，相关依据主要来自国家发布的与电子会计档案相关的政策和制度。

（2）明确档案来源范围

在会计电算化时代，企业所产生的电子档案和纸质档案是不完全相同

① 国家标准化管理委员会．信息技术　会计核算软件数据接口［Z］．2004.

数字化时代的采集存储——电子影像&电子档案系统

的，因此企业建设电子档案系统需要提前界定归档范围。归档范围的界定可以通过分类的方法执行，如先将来源于不同信息系统的会计资料进行逐一梳理，剔除无须归档的会计资料，并将需要归档的会计凭证分为几个大类，在各个大类之下增加小类，以此明确电子档案归档内容（见图 5－17）。

归属类别	会计文件名称
凭证	记账凭证
	普通记账凭证
	清账凭证
	内部凭证
	原始凭证
	报账单
	报账附件
	转固预转固
	收入
	税费
	物料
	代理酬金
	资产
	合同
	银行回单
	汇总凭证

归属类别	会计文件名称
会计账簿	总账
	明细账
	日记账
	固定资产卡片
财务报告类	年度财务报告（决算）
	月、季度财务报告，半年报

归属类别	会计文件名称
其他	移交清册
	保管清册
	销毁清册
	银行对账单
	银行余额调节表
	银行收支报告
新增	备查信息
	主数据

图 5－17　会计档案归档范围示意图

（3）梳理无纸化会计资料

确定归档范围之后，企业需要梳理所有类型会计档案的存在形式，如哪些会计档案是以纸质＋电子影像的形式存在的，哪些是仅以电子形式存在的。一般来说，仅以电子形式存在的会计档案无须再打印成纸质版本保存，但是需要确保档案的安全性和完整性。

（4）设计档案格式

电子档案系统接收来自其他不同信息系统的会计资料，这些会计资料的存储格式往往不是统一的，企业需要考虑这些会计资料在电子档案系统中如何以最好的形式展示。如此，企业则需要设计会计档案格式，将会计资料以清晰明了的方式展示，便于档案的调用。

（5）建立电子档案与纸质档案的关联

对于纸质档案与电子档案并存的会计档案，企业需要考虑如何在电子档案系统中建立两者的对应关系，便于快速定位到纸质档案的位置，从而有助于纸质档案的高效调阅。

（6）对相关系统进行改造

电子档案系统的会计资料来自其他不同的信息系统，如电子影像系统、会计核算系统等，企业需要对这些信息系统进行相应的技术改造，确保这些系统能够与电子档案系统完成对接，并且能够将相关会计资料传递至会计档案系统。

（7）双轨制试运行

电子会计档案初始上线运行阶段，可以采取双轨制，即纸质会计档案与电子会计档案并行的机制，待电子档案系统运行成熟之后，企业可以取消纸质会计档案归档，降低档案归档的人力、物力成本。

（8）正式切换

正式切换是指企业不再对纸质会计档案进行归档，而仅归档电子形式的会计档案，并存储于电子档案系统中。这标志着企业的会计档案从纸质时代跨越到电子时代，提升了企业的信息化水平，实现了无纸化和一体化办公。

5.5　电子档案系统应用价值

电子档案系统完成了电子资料和实物资料的自动匹配，实现了与会计凭证匹配的电子资料和实物会计档案的统一管理、会计档案调阅、审计的无纸化、实物档案的库房精确管理等，使得企业的档案管理高效便捷、环保低碳、节约成本。电子档案系统的应用可以说是企业档案管理的一大变革，它使不同载体形式的档案信息得以转化与再现，为企业信息化的发展乃至国家数字档案联网数据库实现资源共享做好了基础准备，具有重大的实施意义。

（1）降低档案管理成本

与传统纸质档案管理模式相比，电子档案系统可以节约档案保管成本，包括纸质档案异地的采集、借阅、归还的运输成本；打印会计账簿的耗材成本；存储纸质会计档案的仓储空间，以及过程中耗用的大量人力成本。

（2）提高档案采集、借阅、查询效率

提高效率基于电子档案系统的系统一体化建设，打通总账、共享、业务系统，实现原始会计档案直接归档，保障会计数据真实性、准确性、来源可溯性。会计档案系统作为会计档案信息传递的规范载体，实现分散在异地各单位的会计信息完整准确的采集和高效传递。

会计资料线上申请借阅，系统记录档案借阅状态，确保档案流转全程可控。规范档案管理，灵活满足内部借阅、外部审计的需求。解决跨地域单据传递和审阅的瓶颈问题，减少实物传递的工作量，提高工作效率。

（3）助力企业精益管理

电子档案系统解决了各个单位独立维护档案数据的问题，实现集团统一管理，实现数据信息实时共享。基于电子档案系统搭建企业电子档案资源数据库，打破信息孤岛，沉淀数据价值，为经营管理决策提供重要的数据洞察，帮助企业深入挖掘数据资产价值，助力企业业务洞察和管理提升。

电子档案系统的建立，打通了财务信息化建设最后一公里，实现了数字时代企业财务管理成本的降低、工作效率的提高、数据安全性的保障、档案利用率的提升。在数字化时代，良好高效的电子会计档案管理已成为企业完善信息化建设的必选项，电子档案系统让企业数据资产管理更高效，让海量电子会计档案借助智能分析产生更大的价值。

本章小结

电子档案系统是财务共享模式下的重要信息系统之一，主要包含电子影像、电子凭证、查询统计、档案借阅、库房管理等功能模块。电子档案系统以影像技术为支撑，可以和报账系统、电子影像系统、银企直联系统等企业其他信息系统集成应用，实现了多方面系统应用价值。

本章关键词

电子档案系统　影像查询　影像巡检　凭证采集　凭证匹配　凭证复审　凭证分册　档案借阅

本章练习题

一、选择题

1. 电子档案管理系统可针对企业会计档案进行（　　）的管理。

A. 规范化　　　　B. 动态化

C. 集中化　　　　D. 电子化

2. 电子档案系统处于财务云平台中的（　　）模块。

A. 共享核算　　　　B. 共享核心

C. 业财连接　　　　D. 财务控制

3. 电子档案系统的主要的功能模块包括（　　）。

A. 电子影像　　　　B. 电子凭证

C. 档案借阅　　　　D. 库房管理

4. 下列选项中，属于电子档案系统对接的外部系统有（　　）。

A. 会计核算系统　　　　B. 预算管理系统

C. 电子影像系统　　　　D. 银企直联系统

5. 下列选项中，属于电子档案系统应用价值的有（　　）。

A. 降低档案管理成本

B. 提高档案采集、借阅、查询效率

C. 增强会计档案的真实性、完整性

D. 助力企业精益管理

二、判断题

1. 电子档案系统具备多维档案管理报表功能，全方位动态展示各类别会计档案数量和库存状态，但目前还不能支持按照核算主体、借阅详情、档案管理等不同维度定制个性化统计报表。（　　）

2. 档案借阅主要涵盖了档案借阅的系统流程，包含借阅申请的发起以及系统内的电子审批流，档案借阅主要以纸质档案为主，电子档案为

辅。（ ）

3. 会计档案借阅类型有电子借阅和实物借阅，无论是哪种借阅，借阅人都需要发起申请，由审核会计进行审批。（ ）

4. 电子档案系统中定时器用于将其他系统的组织结构、人员信息、凭证信息、影像信息等数据同步至档案系统，定时管理用于检查系统定时器数据同步情况。定时任务按脚本设置时间顺序执行，如果手工执行，则可多任务同时进行。（ ）

5. 针对纸质文档，电子档案系统支持扫描仪批量扫描上传以及手动新增的方式维护财务资料信息。（ ）

三、思考题

1. 电子档案系统的主要功能模块有哪些？
2. 电子档案可以和哪些外部系统进行对接？分别获取什么信息？
3. 电子档案系统为企业带来哪些应用价值？

第 6 章　电子档案管理流程

本章学习目标

本章主要介绍了电子档案管理流程的相关内容，即介绍了企业启用电子档案系统之后，会计档案从采集到归档，从保管到借阅、鉴定销毁的全流程线上管理模式。

通过本章的学习，应掌握：

◇　档案采集、归档、保管、借阅、鉴定销毁的信息化流程

◇　传统档案管理与电子档案管理的区别与联系

本章知识结构图（见图 6－1）

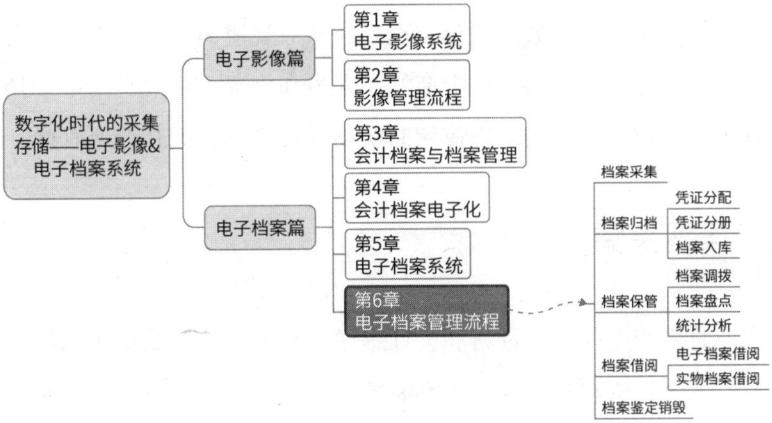

图 6－1　第 6 章框架图

从第 5 章内容可知，电子档案系统为企业会计档案提供了安全、规范、专业的新型管理模式。在会计档案电子化时代，企业可以借助电子影

像系统和电子档案系统，将传统的档案流程由线下转移至线上进行，对会计档案进行线上的全生命周期管理。电子档案系统可以完成会计档案的线上采集、线上归档、线上保管、线上借阅与销毁等流程，自动生成档案流转的日志记录，实时监控档案流转信息，能够实现降低人力成本、提高会计档案管理效率等目的。

会计档案电子化并不是完全摒弃了实物会计档案，而是一种以电子会计档案为主、以实物会计档案为辅的、线上与线下相结合的会计档案管理模式。一般情况下，企业上线了电子档案系统之后，会在线上保存一套完整的电子会计档案，且不要求所有的会计档案都进行线下纸质归档，如电子发票、电子会计凭证等。在线上生成的电子档案，企业可以根据管理需求选择是否打印纸质版本进行归档。

在会计档案电子化时代，会计档案流程是线下实物流与线上影像流同步进行的，主要包括信息采集、凭证管理、归档管理和档案管理四个阶段，这四个阶段又可细分为档案采集、档案归档、档案保管、档案借阅和档案鉴定销毁五个不同的业务场景（见图 6－2）。

与传统纸质档案流程相比，档案流程信息化具有安全、绿色、高效的显著优势。安全是指电子影像系统和电子档案系统均嵌入了前沿技术、能够确保数据安全分级和数据的分类授权，从而规避内控风险；绿色是指档案以电子形式存储，一定程度上节约了人力和物资；高效是指电子档案系统关联电子影像系统，实现影像调阅实物联动管理，提升管理效益。

6.1 档案采集

企业日常产生的会计资料和会计影像具有种类杂、数量多的特点，而并非所有的会计资料和会计影像都需要作为会计档案进行归档。企业只需根据国家关于会计档案管理的政策要求和自身管理需要，对必要的、有保管和利用价值的会计资料或会计影像进行归档。

电子档案系统通过多系统集成实现了会计资料采集自动化，确保电子档案的完整性。电子档案系统可以对接多个前端系统采集数据，并对其进

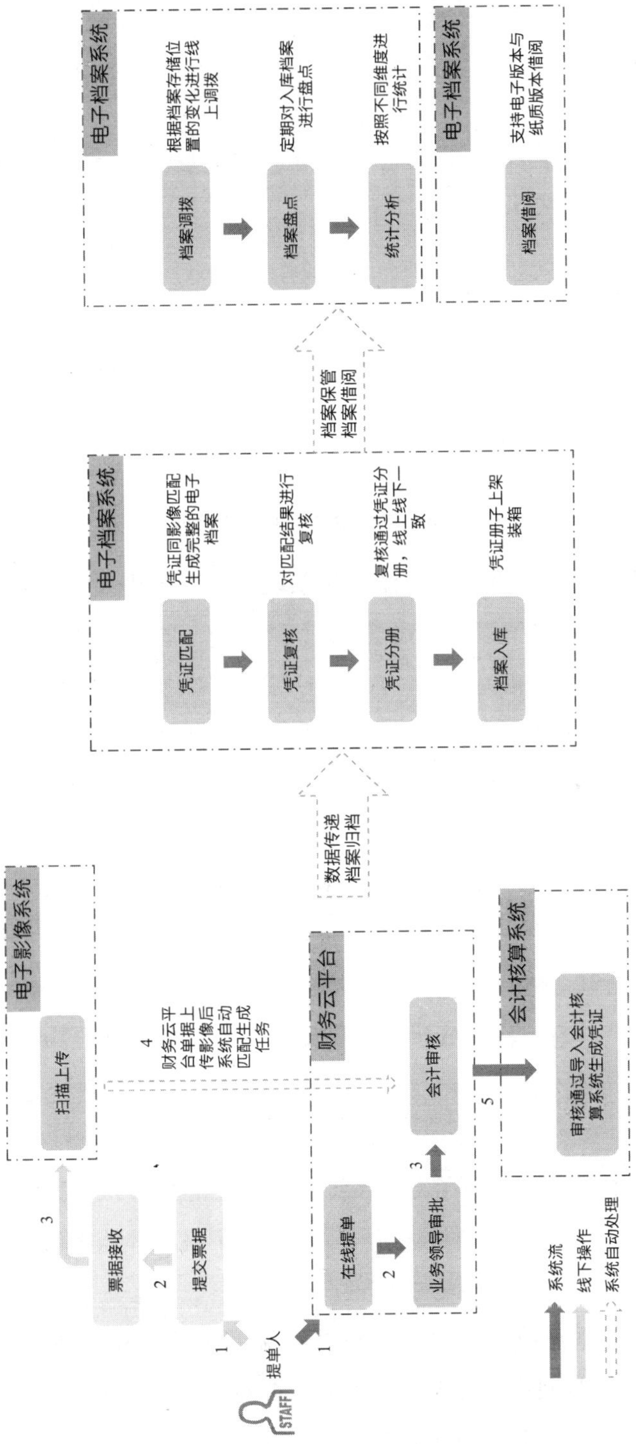
提单人
1
1
票据接收
提交票据
2
3
电子影像系统
扫描上传
4
财务云平台上单据上传影像后系统自动匹配生成任务
财务云平台
在线提单
2
业务领导审批
3
会计审核
5
会计核算系统
审核通过导入会计核算系统生成凭证
系统流
线下操作
系统自动处理
数据传递
档案归档
电子档案系统
凭证匹配
凭证同影像匹配生成完整的电子档案
凭证复核
对匹配结果进行复核
凭证分册
复核通过凭证分册，线上线下一致
档案入库
凭证册子上架装箱
档案保管
档案借阅
电子档案系统
档案调拨
根据档案存储位置的变化进行线上调拨
档案盘点
定期对入库档案进行盘点
统计分析
按照不同维度进行统计
电子档案系统
档案借阅
支持电子版本与纸质版本借阅

图 6－2　档案流程信息化

行匹配和归档，包括票联系统、电子影像系统、会计核算系统、银企直联系统等（见图 6－3）。

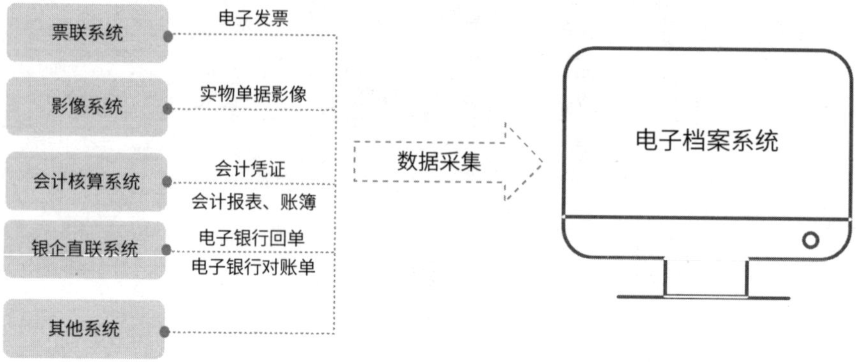

图 6－3　电子会计档案采集方式

➢　票联系统：电子档案系统对接票联系统，报账人报账时将电子发票导入或将纸质发票拍照上传到票联系统中，电子档案系统即可从票联系统中获取发票影像和相关信息。一般情况下，启用电子影像系统的企业，会将通过扫描仪扫描的纸质发票对应的影像作为电子档案归档；而未启用电子影像系统的企业则可以选择对来自票联系统的纸质发票拍摄图片进行归档。

➢　电子影像系统：电子档案系统对接电子影像系统，报账人将报账单封面及其他纸质附件交至扫描岗处进行扫描，扫描岗扫描并上传相关影像任务，电子档案系统即可获取上传的影像信息，从电子影像系统获取的电子会计档案，包括报账单封面、发票影像、合同影像等。电子影像系统可内嵌 OCR 识别技术，在获取发票结构化信息的同时能够完成发票的自动查验。

➢　会计核算系统：电子档案系统对接企业的会计核算系统，可以通过接口方式直接获取电子会计凭证、账簿、电子报表等档案信息，也可通过模板导入的方式导入会计账簿信息。

➢　银企直联系统：建立银企直联系统的企业，在完成收付款结算后，银行会将银行回单通过银企直联系统回传至企业，电子档案系统对接银企直联系统，即可获取银行回单并进行归档。

➢ 其他系统：除此之外，电子档案系统还可以对接企业其他的业务系统，获取相关会计档案进行归档，如合同结算系统、OA 系统等。若部分需要归档的会计信息无法通过系统对接进行获取，可以通过人工上传文件或图片的形式进行线上归档。

6.2　档案归档

会计档案归档的会计资料种类主要包括会计凭证类、财务报表类和其他会计资料。此处以凭证类会计档案归档为例，阐述在会计档案电子化时代，会计档案归档线上与线下结合的整体流程（见图 6 –4）。

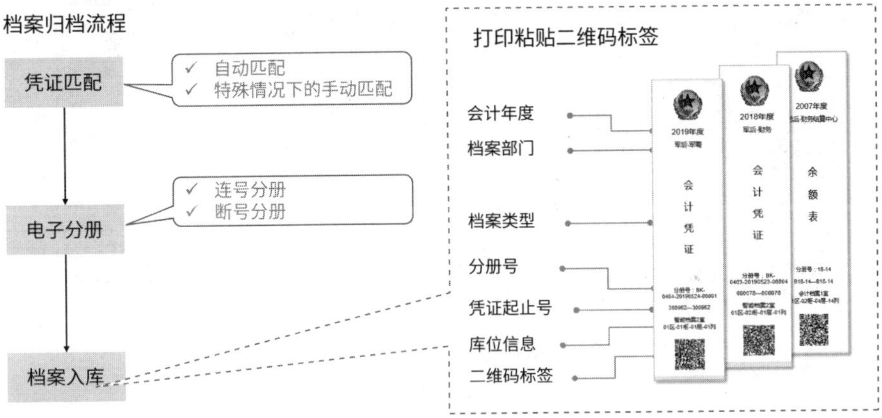

图 6 –4　会计档案归档流程

6.2.1　凭证匹配

凭证匹配是指在会计档案归档之前，将每笔业务的单据、发票、合同等资料与对应业务处理完毕后生成的会计凭证匹配为一一对应的会计档案，并进行归档。

（1）线下匹配

对于系统自动生成的凭证，可以只作为电子会计档案形式进行归档，企业可以根据管理需求选择是否打印归档。若企业不要求将电子凭证打印并进行实物归档，则归档员只需将纸质的报账单封面和相应的纸质附件进行匹配、装订和入库。若企业选择打印电子凭证，则归档员需要将打印的凭证与实物报账单封面和纸质附件进行匹配归档。

企业若规定需打印电子凭证并归档，有两种主流的打印方式可供选择。第一是按照凭证号顺序打印，打印出来的凭证需要依次匹配对应的纸质单据进行归档；第二是按照报账单的生成顺序打印电子凭证，由于凭证生成顺序与报账单生成顺序是不一致的，因此电子凭证的序号是乱序，需要依据报账单号匹配对应的凭证进行归档（见图6-5）。

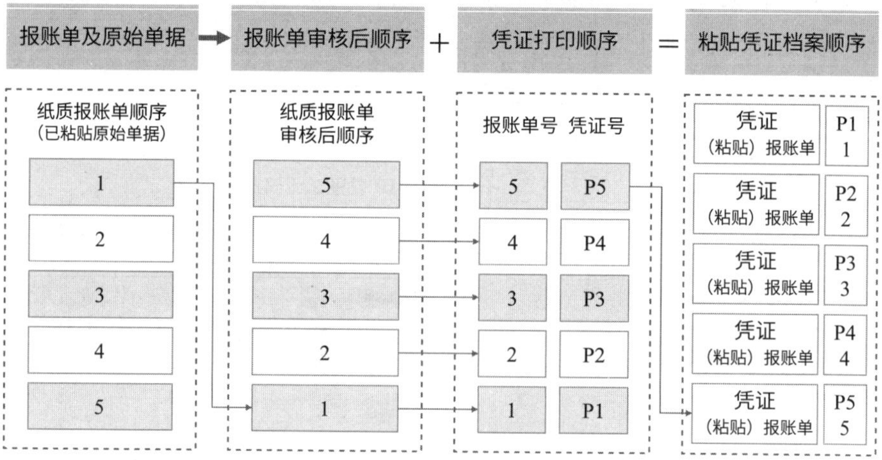

图6-5 按纸质报账单顺序打印凭证示意图

（2）线上匹配

相较于实物凭证的线下匹配，电子档案系统可以根据报账单编号将单据、影像和凭证进行关联，自动完成线上匹配（见图6-6）。电子档案系统内置编码规则，根据编码信息确定同一项业务各单据之间的关联关系，进而实现各系统之间单据的自动、精准匹配。在信息采集阶段，电子报账单提交时会形成唯一编码的单据号和对应实物档案单据的单据号；当扫描员对实物档案进行扫描并将其转化为电子影像时，系统会赋予其扫描时的索引号；会计凭证一般根据报账单自动生成，从而形成唯一的凭证号。基于此种模式，单据号、票据号、索引号和凭证号均可建立联系，最终实现会计凭证与实物档案的匹配。

图 6－6 凭证自动匹配

除自动匹配之外，系统支持特殊情况下的人工辅助匹配，如自动匹配出错时可以由人工进行调整，或者报账单无对应影像且无须进行匹配时，需要由人工进行处理，直接进入归档环节。

电子档案系统流转编号如图 6－7 所示。

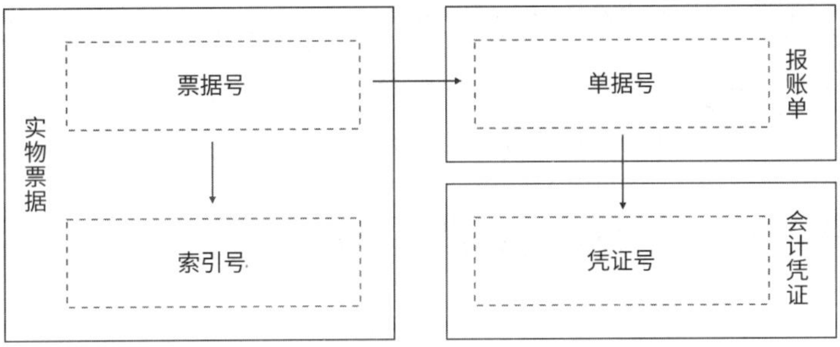

图 6－7 电子档案系统流转编号示意图

6.2.2 凭证分册

凭证分册是指凭证匹配结束后，将会计凭证与对应的单据资料按照一定的数量进行分册，凭证分册的方法包括连号分册和断号分册，连号分册是指每一册都按照会计凭证号顺序进行划分，而断号分册则不要求按照凭证号顺序划分。档案员在进行分册时，需要线上、线下同时进行操作。

（1）线下分册

实物单据归档时，针对月末结转类或无附件凭证，可选择连号分册，

数字化时代的采集存储——电子影像&电子档案系统

批量完成凭证打印；若有部分单据未收到，在装订时可暂时跳过这部分单据，进行断号分册，待邮到后再和凭证封面一起单独成册。归档员需要在月末针对审查合格的实物单据及凭证按照企业会计档案管理办法相关细则进行分类整理、装订分册（见图 6 –8）。

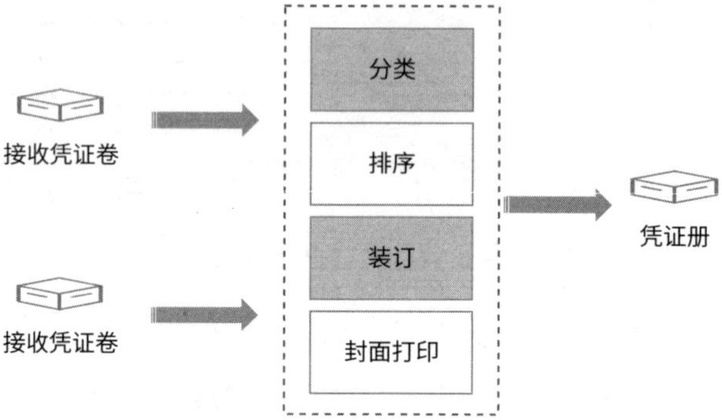

图 6 –8　凭证分册示意图

（2）线上分册

电子档案系统按照会计凭证号的顺序进行自动排序，且会计凭证号顺序连续完整。系统支持连号分册和断号分册，只需在分册前进行系统设置，则系统可实现自动分册。电子档案系统凭证分册如图 6 –9 所示。

图 6 –9　档案分册系统界面

6.2.3　档案入库

会计档案入库是指将会计档案以册为单位，装入档案盒中，然后再将档案盒存放至档案柜的过程。

（1）线下入库

对于线下入库，由归档员将档案装盒，在档案盒上记录档案所属会计年度、档案种类、档案编号、保存期限等每盒档案的专属信息，并将档案盒放入档案柜（见图6-10）。

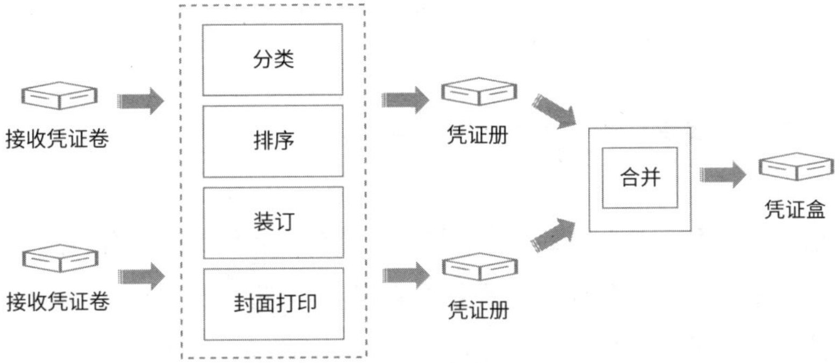

图6-10　凭证装盒示意图

（2）线上入库

线上入库需要由归档员登录电子档案系统，进入档案入库页面，将已经自动分册的电子会计档案进行线上入库。

电子档案系统将自动分册后的凭证册按照一定的规则，合并至对应的凭证盒中，而后根据企业实物档案保管的场地空间限制，保存至对应的凭证柜中。实物档案的凭证入柜路径均记录在系统中，档案使用人通过查看系统中记录的保管信息，即可轻松找到对应的原始实物档案。电子档案系统凭证入柜如图6-11所示。

图 6－11　档案入库系统界面

数字化时代的采集存储——电子影像&电子档案系统

6.3　档案保管

档案保管主要包含档案调拨、档案日常盘点和档案统计分析三个子功能模块。除此之外，纸质档案保管过程中还需要进行日常温度、湿度的记录与控制。电子档案系统可以与档案室的温控系统进行集成，从而实时获取档案室的温度、湿度，便于档案管理员进行实时调整，保证档案室的环境处于适合存储档案的状态。

6.3.1　档案调拨

档案调拨是指由档案管理员发起，对于已入库的凭证册，进行调拨处理，调整实物库位的流程。

（1）线下调拨

实物档案线下调拨的业务场景主要是指档案的保管地理位置发生变化。例如，某公司区域针对之前已提交至总部的已归档实物分册，会以固定周期（如半年或季度）调拨至归属的公司区域存放，为便于档案的实物追溯，需借由调拨功能予以处理。同时，如存在档案册在同一公司区域（或财务共享服务中心）下不同仓库的实物转移，届时也需要使用该功能进行处理。

（2）线上调拨

会计档案的实物位置发生转移后，对应的电子档案也应当进行线上的位置信息变更，即在电子档案系统完成线上调拨（见图 6－12）。线上调拨的前提是凭证册的状态为已入库，调拨最小单位为凭证册。

图 6－12　档案调拨系统界面

6.3.2　档案盘点

档案盘点是指由档案管理员定期对实物档案和电子档案进行盘点，确认实物会计档案与系统记录的一致性。档案盘点流程一般是指档案管理员使用扫描枪对实物档案盒上的条码进行扫描，电子档案系统对已经扫描的会计档案会标注为“已盘点”，即档案盘点流程是线上与线下相结合且同时进行的（见图 6－13）。

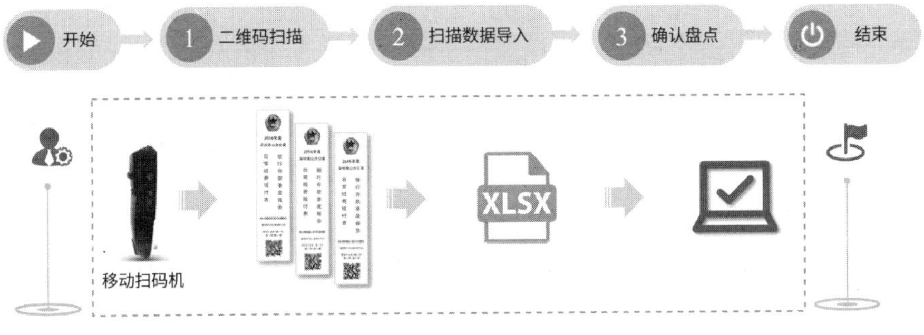

图 6－13　档案盘点流程

电子档案系统可以采用图书馆的管理方式，借助条码技术，快速、精准地定位到每一份纸质档案存放的具体位置和库存状态，实时监控纸质档案，实现库存虚拟化管理（见图6-14）。另外，系统可根据内置的关联校验，对纸质档案进行稽查和盘点，并自动标识差异点，确保档案实物与系统记录相一致，实现档案盘点自动化。

图6-14　档案盘点系统界面

6.3.3　统计分析

档案管理工作不仅可以帮助企业管理者及时了解企业整体经营状况，为经营决策提供数据支持，还可以作为外部各方确认企业经营成果的依据。电子档案系统支持根据各类条件查询不同法人、不同账簿、不同类别的档案资料，支持对具体会计凭证、账簿、报表等各类会计资料的检索。

电子档案系统具备多维档案管理报表功能，全方位、动态展示各类别会计档案数量和库存状态，可按交易对象、报销人、借阅人等不同维度定制个性化统计报表，为企业档案精细化管理提供数据支持。

档案统计分析主要包括了借阅统计分析、档案管理分析和档案分类统计（见图6-15）。

➢　借阅统计分析：系统一般可以从借阅类型和借阅时间两个维度进行统计，借阅类型分为电子会计档案和纸质会计档案；借阅时间可以按照月度划分。

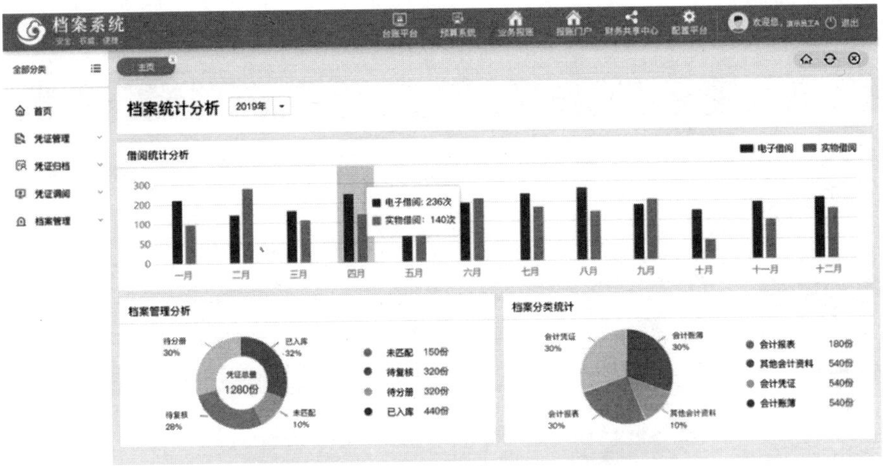

图6-15　档案统计分析系统界面

➢　档案管理分析：档案管理分析主要是统计会计档案的状态，系统主要可以从待复核、待分册、待入库、未匹配等维度对所有会计档案进行分类统计，以便于会计档案归档工作的管理。

➢　档案分类统计：档案分类统计指对已经入库的档案按照不同的种类统计其对应的数量，主要包括会计凭证类、会计报表类、会计账簿类和其他会计资料。

6.4　档案借阅

档案借阅系统流程包含借阅申请的发起、审批和借阅。档案借阅类型包括纸质档案和电子档案。与实物档案管理相比，电子档案管理可以大幅提高档案利用率，实时响应借阅需求，规范档案借阅管理。电子档案系统制定了完整的企业会计档案借阅管理流程，充分满足内外部档案的借阅需求。

在企业上线了电子档案系统之后，员工可以根据借阅需要选择借阅电子档案或借阅纸质档案。无论借阅人借阅哪种类型的会计档案，都需要统一在线上发起申请，保证系统留痕（见图6-16）。员工在线提交借阅申请单，填写借阅明细；业务领导和档案管理员审批通过后即可执行后续的

数字化时代的采集存储——电子影像&电子档案系统

借阅程序（见图 6－17）。

图 6－16　档案借阅记录

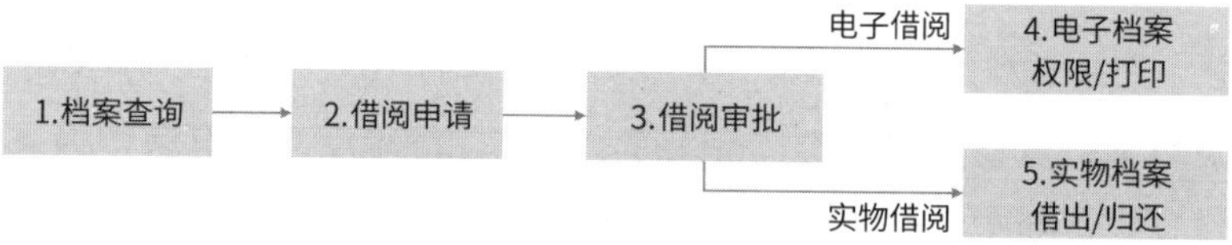

图 6－17　档案借阅流程

6.4.1　电子档案借阅

借阅人需要借阅电子会计档案时，在电子档案系统提交会计档案查询借阅申请单，填写借阅或查询原由、时间、借阅内容或档案名称、借阅类型（电子档案）等信息（见图 6－18）。申请提交后，相关领导和档案管理员在电子档案系统依次进行审批，审批通过后执行借阅程序（见图 6－19）。由档案管理员向借阅人开放该档案查询权限，设置查询期间，到期后系统可自动关闭该借阅人的查询权限。

6.4.2　实物档案借阅

实物档案的借阅流程与电子档案借阅流程基本一致，借阅人在电子档案系统提交会计档案查询借阅申请单，填写借阅或查询原由、时间、借阅内容或档案名称、借阅类型（复印件或原件）等信息。申请提交后，相关领导和档案管理员在电子档案系统依次进行审批，审批通过后执行借阅程

图 6－18　档案借阅申请

图 6－19　档案借阅审批

序。档案管理员可以通过扫描档案身份条码实现档案领用及归还，系统自动标记档案借阅状态，确保档案流转全程可控。

如借阅档案复印件，由档案管理员将相关会计档案复印后交与借阅人。

如借阅档案原件，则根据企业具体的档案管理办法执行。若企业档案管理办法规定不允许借阅人将档案原件带走，则由归档岗将档案原件交由借阅人在场查看，查看完毕后由归档岗将相关档案放回原位。若企业档案管理办法允许借阅人将档案原件带走，则由档案管理员将原件交给借阅人，并负责后续的跟还。

6.5 档案鉴定销毁

会计档案和其他类别的档案一样，都有国家档案局所规定的档案保管期限，具体可参考3.2.3档案保管。会计档案保存到规定年限，企业确定到期档案已经没有使用价值，可以进行销毁时，需要对纸质档案进行销毁，定期销毁到期档案有利于降低企业会计档案的保管成本。

当会计档案满足销毁条件时，由档案鉴定小组提出销毁意见，提交会计档案销毁申请，列明销毁会计档案的名称、卷号、册数、起止年度和档案编号、应保管期限、已保管期限、销毁时间等内容。档案销毁经过相关领导审批通过后，组建监销小组，同时需打印制式会计档案销毁清册，列明会计档案销毁信息。

（1）纸质档案销毁

纸质档案需在监销小组的监督下现场销毁纸质档案。销毁前，监销小组按照会计档案销毁清册所列内容清点核对所要销毁的会计档案；销毁后，将签字确认的会计档案销毁清册保存归档，并将监销情况报告相关负责人。档案销毁以凭证册为单位。

（2）电子档案标记

电子会计档案并非必须随同纸质会计档案一同销毁，企业可以根据自身管理需求，选择是否销毁电子会计档案，若不销毁，则需要由档案管理员在相应的电子档案处标注实物档案已销毁（见图6-20）。

图6-20　档案销毁

企业应当在档案管理办法中对部分特殊情况加以规定，如保管期满但未结清的债权、债务原始凭证和涉及其他未了事项的原始凭证，不得销毁，应当单独抽出组卷，保管到未了事项完结时为止。单独抽出组卷的会计档案，应当在会计档案销毁清册和会计档案保管清册中列明。

【延伸阅读】

中兴通讯的档案管理实践

一、背景

2015年12月，财政部、国家档案局发布了最新的《会计档案管理办法》，其中明确了企业不仅可以通过计算机等电子设备形成、传输和存储会计档案，而且可以利用计算机、网络通信等现代信息技术手段管理会计档案。不再单一强调企业必须建立纸质档案，而是在一定条件下可以通过完善的信息系统，来实现企业会计档案的保存。

中兴通讯成立于1985年，经历30年的磨砺和探索，目前已经成为全球领先的综合通信方案提供商和最大的通信设备上市公司，其业务遍及全球160多个国家和地区，人员规模超过7万人。为解决企业分支机构扩展带来的一系列管理问题，中兴通讯建立了国内第一家共享服务中心，2013年逐步形成了第一家以中国本土为总部，服务全球的财务共享服务中心。目前，该中心有300多名员工，负责全球80多个国家的核算业务，100多个国家的资金管理，服务语言多达25种，已经成为集团的全球核算中心、国际资金中心、全球管理数据中心和全球档案管理中心，成为支撑集团战略发展的重要力量。

会计档案包括会计凭证、会计账簿、财务会计报告，也包括银行存款余额调节表、银行对账单、纳税申报表等其他具有保存价值的会计资料。业务全球化使集团的会计档案遍布在世界的各个角落，在对会计档案进行管理的过程中，也曾经面临着一系列的问题。首先，中兴通讯每年产生会计档案超过200万份，仅国内AP模块费用报销凭证每年有几百万页，统一邮寄至财务云所在地——西安，进行归档和保管，每年花费邮寄费用高达几千万元；其次，在过去的一段时间内，集团的会计档案依靠台账进行管理，没有系统统一记录与维护，导致外部检查单位、内部员工在调阅凭证时，档案调阅工作量巨大；再次，集团的会计档案数量多，占地面积大，凭证的打印、匹配等管理成本节节攀高；最后，纸质档案保管可能会面临丢失毁损风险，同时人工记录的台账准确性和及时性也不尽如人意，给档案管理工作带来了更大的困扰。

在传统会计领域，人们一直视据以合法入账的会计凭证为传统会计得以存在的根本，以会计原始凭证为载体的初始信息必须经过人工的审核、确认、分类、记账、计算、汇总、调整等加工过程，才能形成有用的会计信息，这一过程不仅涉及办公场所、纸张等物质消耗，还包含不少的人力开支。随着会计电算化和网络技术的广泛应用，已基本上把会计人员从纷繁复杂的会计信息加工过程中解放出来，过去需要多人完成的记账、算账和报账工作，只需一台计算机便可准确、快速完成，其所带来的信息采集和加工成本的节约是显而易见的，与此同时，企业对会计档案的管理由实物向电子化转变也成为可能，会计档案电子化不仅仅是对纸张、笔墨的简单节约，更是对会计信息采集和披露成本的节约。

二、中兴通讯的会计档案管理

为了更高效地完成档案传递，进一步提升档案管理水平，中兴通讯倡导绿色环保的管理理念，在原始凭证的生成及存储形式、档案管理流程、制度规范、电子档案系统等方面全面实践。在档案管理规范化方面，通过原始单据的扫描、归档、档案、调阅等岗位的精细化分工，使档案整理、加工工作更加高效；在档案管理流程方面，将档案的实物流和电子流传递过程分开，通过相关编码相互关联，实现了档案原始凭证的电子化储存方式；在系统建设方面，网络报账环节的影像管理系统与电子档案系统相辅相成，共同构成完整的电子档案管理体系。档案管理框架如图 6－21 所示。

（一）通过管理创新减少原始凭证

新时代的社会提倡健康可持续发展，中兴通讯的 CGO（cool、green、open）企业文化同样明确了绿色环保是技术和产品追求的目标，在财务管理领域，集团原始凭证的承载方式也在追求环保的道路上悄然发生着变化。

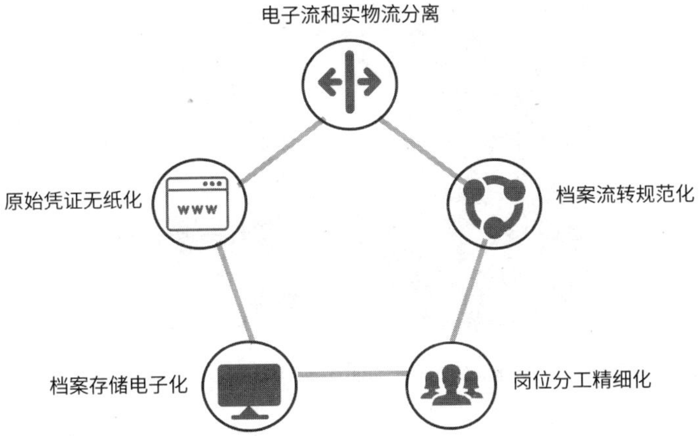

图6-21　中兴通讯集团全球会计档案管理框架

2009年，中兴通讯建立了自己的商旅服务中心，为集团7万名员工提供预订机票和酒店全流程服务。员工在出差前可以通过商旅系统网上预订或通过商旅热线预订机票、酒店，持身份证登机、入住酒店，全程无须单独发票，无须支付机票款和酒店住宿款，公司与航空公司、酒店汇总结算，统一开具发票；出差后，商旅系统自动完成报销，员工个人不必再贴票。在这种财务参与到业务处理流程的管理模式中，一方面，员工在商旅出行时，不用再面对繁杂的手续和繁琐的票据整理，实现了全程零负担出行；另一方面，以统一支付后的行程单和银行结算单据为例，集团在商旅方面每年节约的纸张相当于1400多辆汽车一年的碳排放量，在低碳环保的道路上迈出了一大步。

中兴通讯在海外的业务遍布全球100多个国家，员工在海外的消费，票据一般为手写收据，且语种众多，样式繁杂，会计审核难度大，控制力度不足。2011年，集团与招商银行、中国银行等合作，为员工定制企业版的公务卡，如图6-22所示。员工出差消费只需携带公务卡，消费数据可以直连到企业内部的网络报销系统，内部系统可以查询消费账单，报销时，员工勾选因公消费明细即可生成电子报销单，在业务审批和财务审核环节主要关注电子报销明细，在档案管理环节，总部保管电子档案，同时原始凭证提交在本地保管，全流程信息传递如图6-23所示。

图 6-22　企业定制版公务卡

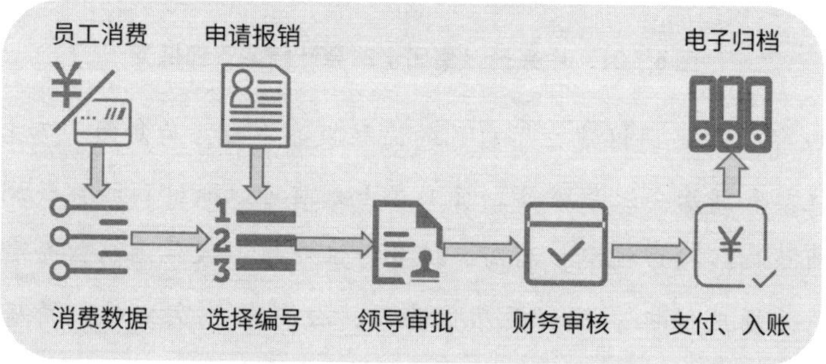

图 6-23　公务 E 卡通流程示意图

在这种模式下，员工在海外发生的因公消费支出，在原始凭证提交本地保管的基础上，企业再辅助以银行电子交易明细作为报销依据和存储依据，保障了数据的真实性，减少人工差错及舞弊行为，提升了内部管理水平。

（二）档案流转规范化

中兴通讯的档案管理规范采用“三统一”的原则，即分类标准统一、档案形成统一、管理要求统一，将各类会计账册分门别类进行保管。档案管理规范主要包括员工提单规范、影像扫描规范、档案整理规范和档案借阅规范等，如图 6-24 所示。

图 6-24　中兴通讯档案管理规范

员工提单规范：员工在网络报销系统提单后，系统会自动生成单据号码，员工打印带有票据条形码（票据号）的单据封面，并将发票等原始凭证粘贴到A4纸上，按单据份数装订，投递到票据箱或递交至本地扫描员处，在登记簿中登记递交的单据信息。在这个过程中，票据条形码可以对票据物理位置进行实时跟踪，有效粘贴票据成为电子会计档案管理的第一步。

影像扫描规范：票据员使用扫描枪，扫描单据封面的条形码，系统会自动生成影像，并根据文件上传的顺序为影像分配索引号，索引号用打码器印在实物票据上，方便后端与实物发票的匹配。影像的扫描上传为费用报销的影像审核提供了技术基础，同时也为后续大量的审计、科技拨款等档案调阅工作做好了准备，是会计档案无纸化的关键环节。

档案递交和档案整理规范：中兴通讯在全球部署了ERP账务核算系统，入账完成后，在ERP产生唯一连续的凭证号，由财务人员打印入账凭证，与实物票据匹配，按核算主体、凭证号进行排序，递交给档案管理员，档案管理员接收凭证，完成凭证顺号、分类、归档、上架等工作，并将凭证清单录入电子档案系统。

档案借阅规范：因为内外部审计会经常调阅会计档案，需要申请人在电子档案系统提交借阅申请，经业务领导和财务领导审批后，由全球档案中心安排调阅影像。

除以上规范外，中兴通讯制定了档案交接规范、会计档案存放规范、会计档案销毁规范等，共同构成了档案管理规范。

（三）电子流与实务流无缝对接

在档案管理流程中，集团基于安全性、实用性和开放性原则，将会计核算产生各类档案的实物转化为电子影像，实现了档案电子流和实物流的分离，如图6-25所示。

员工在网络报销系统中提交电子版报账单，由业务领导审批后，单据流转至审核任务库，由审核会计提取，审核完成并导入ERP账务处理系统，生成会计凭证。对于各类总账凭证，账务处理人员直接递交全球档案中心，由档案管理员按照凭证号的顺序对档案进行顺号扫描并上传至影像

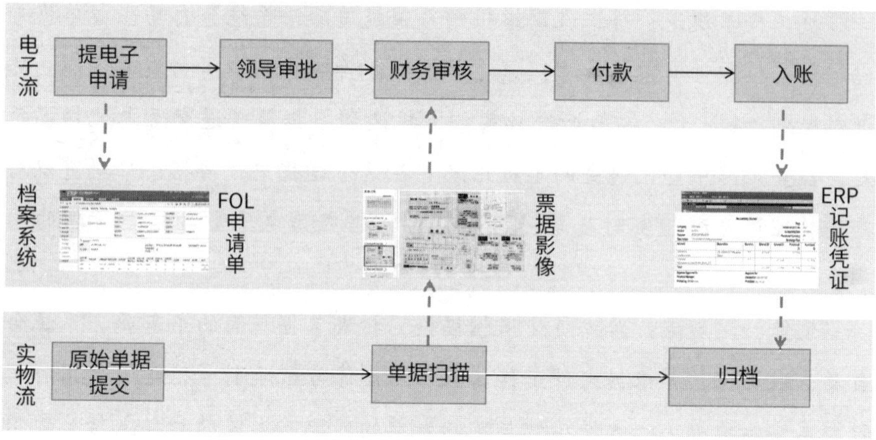

图 6-25　中兴通讯档案管理流程

系统，并进行归档。在档案实物流方面，员工将实物票据粘贴到 A4 纸上，并打印带有票据条形码和报销单据号的报销封面，一起装订好，递交到财务票据箱，档案员会实时收取实物票据，扫描上传到影像系统中，并在实物票据上加盖系统自动生成的索引号，放入票据中转架，实物进入待归档状态，最后由档案管理员根据账务凭证号对单据进行实物归档。

（四）岗位分工精细化

中兴通讯在档案管理流程中，将档案管理的岗位也进行了精细化分工，主要包含扫描岗、归档岗、档案岗、调阅岗等。扫描岗主要负责每天接收、核对当地提交及外地邮寄的实物报销单据，将待扫描的单据用扫描枪进行扫描处理；归档岗主要负责将待归档的单据，在电子档案系统和实物档案中都做归档处理；档案岗负责对凭证进行总体顺号、装订、上架，保证每册中的凭证连号，且各册之间的册数连号，记录会计档案各册的凭证号起始信息、存储位置。调阅岗主要根据内外部审计、公司外部单位、公司内部部门的需要进行会计档案的调阅。另外，集团在档案室建设方面，还设置了中转室、密集架等特色产品，方便实物的归档和摆放，节省实物档案的空间占用。

三、结束语

中兴通讯凭借领先的管理水平和信息技术实力，积极帮助中国企业在档案管理方面进行改进。至今已为万科集团、中国移动、中广核等 30 余家大型企业提供了共享服务咨询解决方案，并为中国路桥、庞大集团等多家知名企业提供了电子档案信息系统的实施方案。随着电子发票的产生和广泛使用，又将为企业的电子档案管理带来新的契机。中兴通讯还将在这些领域不断探索，促进档案管理真正的绿色环保，帮助更多的中国企业拥有世界级能力。

本章小结

企业启用了电子影像系统和电子档案系统之后，传统的手工会计档案归档流程就可以移至线上进行，即电子档案流程管理。电子档案流程管理主要包括档案采集、档案归档、档案保管、档案借阅和档案的鉴定销毁。档案流程信息化极大提升了企业会计档案的归档速度和使用效率，为企业内部管理做出贡献。

本章关键词

档案管理流程　档案采集　档案归档　档案保管　档案借阅　档案鉴定销毁

本章练习题

一、选择题

1. 档案盘点是指由档案管理员定期对（　　）进行盘点，确认实物会计档案与系统记录的一致性。

A. 实物档案和电子档案　　B. 档案数据和档案信息

C. 档案数量和档案内容　　D. 实物档案和财务系统

2. 档案借阅流程主要涵盖的系统操作环节包括（　　）。

A. 发起　　B. 审批

C. 备案　　　　　　　　　　D. 借阅

3. 档案统计分析工作不仅可以帮助企业管理者及时了解企业整体经营状况，为经营决策提供数据支持，还可以作为外部各方确认企业经营成果的依据，其分析方式主要包括（　　）。

A. 借阅统计分析　　　　　　B. 档案管理分析

C. 档案状态分析　　　　　　D. 档案分类统计

4. 电子档案系统需要针对每一个角色进行相应的权限配置，区分不同核算主体下的用户处理不同档案信息的数据权限，其中数据权限主要包括（　　）。

A. 凭证档案处理　　　　　　B. 凭证销毁

C. 电子借阅审批　　　　　　D. 实物借阅审批

5. 档案统计分析中借阅统计分析的统计维度可以分为（　　）。

A. 借阅途径　　　　　　　　B. 借阅目的

C. 借阅时间　　　　　　　　D. 借阅类型

二、判断题

1. 会计档案电子化并不是完全摒弃了实物会计档案，而是一种以实物会计档案为主、以电子会计档案为辅的、线上与线下相结合的会计档案管理模式。（　　）

2. 实物单据归档时，针对月末结转类或无附件凭证，可选择连号分册，批量完成凭证打印；若有部分单据未收到，在装订时必须等待相关单据邮到后再和凭证封面一起成册。（　　）

3. 会计档案的实物位置发生转移后，对应的电子档案也应当进行线上的位置信息变更，即在电子档案系统完成线上调拨。线上调拨的前提是凭证册的状态为已入库，调拨最小单位为凭证册。（　　）

4. 档案盘点流程一般是指档案管理员使用扫描枪对实物档案盒上的条码进行扫描，电子档案系统对已经扫描的会计档案会标注为“已盘点”，即档案盘点流程是线上与线下相结合，先进行线下盘点，再进行线上核对。（　　）

5. 档案流程信息化具有安全、绿色、高效的显著优势。其中安全是指电子影像系统和电子档案系统均嵌入了前沿技术、能够确保数据安全分级和数据的分类授权，从而规避内控风险。（　　）

三、思考题

1. 会计档案的线上和线下归档流程分别是怎样的，两者有什么区别？
2. 电子档案系统中的档案调拨主要应用于什么业务场景中？
3. 电子档案借阅和实物档案借阅的流程有什么区别？

附录

附录A　增值税专票电子化
——打通财税数字化最后一公里

发票，一张小小的收付款凭证，是市场经济中价值链传递的重要载体，是最基本的原始会计凭证之一。对税务机关来说，发票是保障国家税款收入和监管经济活动的重要手段；对企业来说，发票是记账和缴税的核心依据。加强发票管理，能促进企业正确地核算经营成果、履行纳税义

务、保障国家税收收入、实现财税合理监管。

电子发票的出现改变了传统的发票流转模式，带来了发票管理的突破，就像听诊器的发明是现代医学的开始，电子发票也极大地帮助财务走向未来，实现了大踏步的进步①。2019 年 11 月 27 日，李克强总理主持召开的国务院常务会议中提出："明年底前，实现增值税专用发票电子化"。这意味着发票领域将实现更大范围的电子化，带来实质性的飞跃。未来，增值税专用发票将以全新的形式出现在企业的交易活动中，带来企业财税管理流程的新变革，也将在数字技术的支持下成为驱动企业数字化转型的新引擎。

一、发票：从书契到电子化

在早期社会，据《周易·系辞下》"上古结绳而治，后世圣人，易之以书契"的记载，发票的雏形是"书契"。"书契"是借鉴民间的契约书和官方执照的基础要素逐渐形成的，虽然并非真正意义上的发票，但包含了交易双方、时间、地点、数量、价格等内容，已经具备了现代发票应具备的部分重要信息。随着产品数量不断增加、交易活跃度不断增大，大量跨地域采购、销售行为的出现，使雕版式发票、表格式发票应运而生。新中国成立之后，在经济社会全面进步和科学技术迅猛发展的背景下，国家税务机关不断加强对发票的全方位管理，发票的形式、内容和种类也在不断进化。

我国现行使用的发票按照开具方式可以分为由增值税发票管理新系统开具的发票和非增值税发票管理新系统开具的发票，具体发票分类如下（见图 A－1）②：

① 中兴新云财务云．陈虎：未来的报销［EB/OL］．https：//dwz.cn/JNLGln3e，2017－12－18。

② 中兴新云财务云．FOL 专栏 | 发票管理的"三四五"［EB/OL］．https：//dwz.cn/anMbfQPx，2019－2－27。

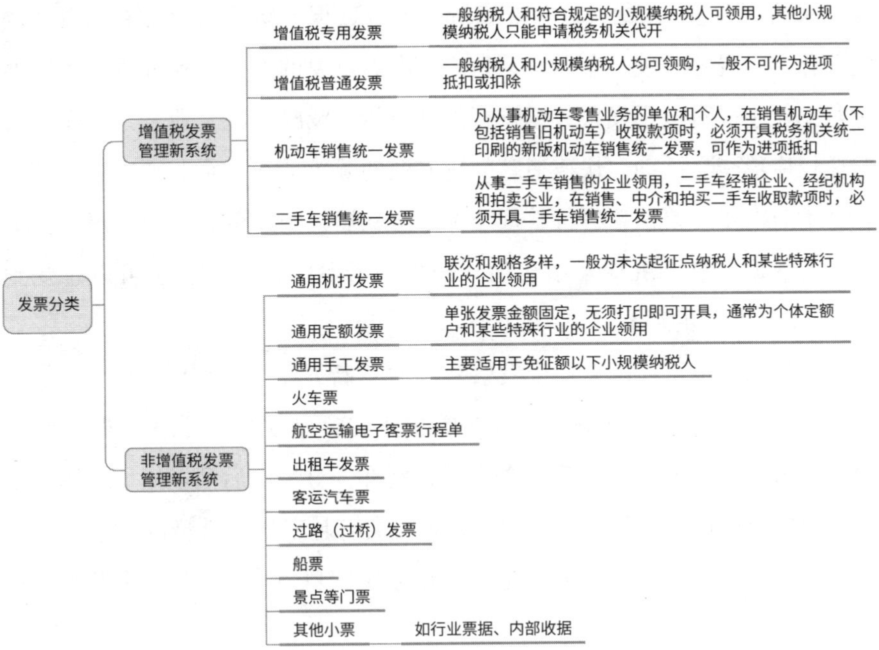

图A-1　发票分类

发票也可以按照形式的不同，分为纸质发票和电子发票。电子发票是信息时代发票形态和服务管理方式变革的新产物，是全新的无纸化发票形式。从2013年6月27日京东商城开出中国内地第一张电子发票起，电子发票在电商、供水、供电、零售、物业、医疗、交通运输等10多个行业被广泛使用。据研究机构发布的统计数据显示，2018年中国电子发票开具数量为32.7亿张，较2017年增长257.1%。[①]

由于目前电子发票仅应用于个人消费领域，截至2018年，电子发票的渗透率只有5%。[②] 虽然增值税电子普通发票的施行对税务机关和企业产生了一定影响，但并未带来彻底的改变，发票使用领域内基本仍延续纸票的处理方式。在我国每年开具的数千亿发票中，增值税专用发票占据着重要比重，是将一个产品从初期材料采购到最终消费之间的所有环节都串

① 艾媒咨询.2019中国电子发票行业研究报告［R］.2019。

② 经济日报.百望股份CTO张俭泰：电子发票目前渗透率仅5%，行业大有可为［EB/OL］.https：//dwz.cn/M5LPEt8a，2018-12-29。

联起来的“纽带”，背后蕴含着海量的涉税数据。实现增值税专用发票的电子化，对税务机关、企业、消费者都有着重要的意义：税务机关可以通过数字化手段对电子发票数据进行处理分析，及时掌握企业开票动态，实时监控应税交易活动，快速追踪问题发票的源头节点；企业可以通过信息化技术对电子发票信息进行整理统计，准确捕捉交易流、物流、资金流等丰富的数据信息，沉淀发票价值，合理规避风险；消费者也可以感受到“交易即开票”的便利。

时代的进步正在开启一个发票领域的“新元年”。除了增值税电子普通发票外，高铁票、通用机打发票等也正在逐渐实现电子化。据新闻报道，2020 年 3 月开始，国家税务总局也将在部分地区启动增值税专用发票电子化试点。可以预见，在不远的未来，会有越来越多类型的发票加入无纸化的行列，发票全面电子化时代正在走向“舞台中央”，纸质发票终将完成其历史使命。

二、增值税专票电子化，势在必行

增值税专用发票是反映企业经济活动的重要会计凭证，也是兼记销货方纳税义务和购货方进项税额的合法证明，连接着企业与众多交易对象。基于纸质专票的诸多不便、交易活动的不断扩大、政府政策的重视支持、数字技术的变革创新，电子文件形态的增值税专用发票的应用势在必行。

（一）多方管理痛点驱动

增值税纸质专用发票的生命周期分为三个阶段：生产阶段、开具阶段、入账阶段（见图 A－2）。在生产阶段，印刷厂生产发票并运输至各税务机关；在开具阶段，开票企业向税务机关申领发票并写入税控专用设备，交易发生时开具发票并打印邮寄给受票方；在入账阶段，受票企业获取邮寄的发票后，经发票查验完成提单报账、领导审批、财务审核、入账付款、单据关联归档一系列操作。

纸质专票基于载体的限制，极大影响了其生命周期的流转速度，对税务机关、开票企业和受票企业多方管理都存在许多痛点和挑战。对于税务机关来说，主要存在耗费资源大、发票管理难、税局监管难的痛点：其

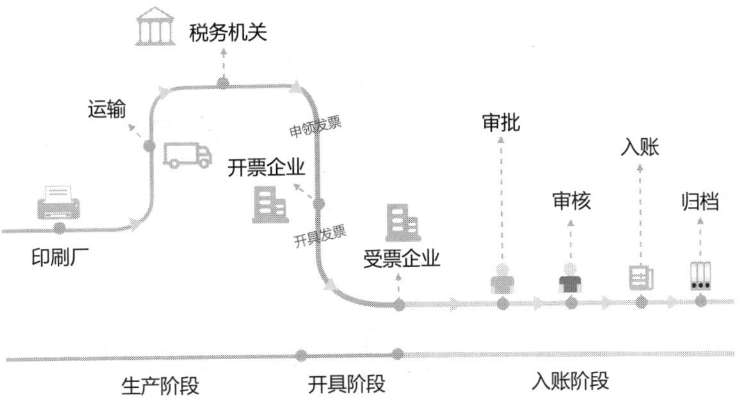

图 A－2　纸质专用发票全生命周期

一，数据显示，我国每年会开具近3000亿张增值税发票和2000亿张其他票据，共需近600万吨纸，需要耗费1亿颗树＋5亿立方米水。纸质发票的生产成本极高，耗费资源巨大且不环保。其二，在实际纸质专票的领购、开具等环节上，纸质载体的限制使很多不规范的行为没有得到及时遏止，增加了发票管理的难度，削减了发票法律凭证的地位。其三，线下纸质专票流转会使税务机关无法对发票流转的全过程实时监控，导致税收征管与实际市场过程脱节，出现发票内容与企业实质经营行为不一致的现象，带来税源监控困难、税收流失等问题。

对于开票企业来说，主要存在开具发票难、业财数据脱节、成本费用高等痛点：其一，企业开具增值税专用发票需要手动录入客户的单位名称、纳税人识别号、地址电话、开户行及账号信息等，整个纸质专票的开具过程需耗费4～5分钟，操作繁琐、工作效率低。其二，纸质样式导致企业很难全面采集前端业务数据，带来业财数据脱节。其三，纸质专票的开具、流转、管理会产生巨额的成本费用（见图A－3）。以京东集团为例，2018年京东开具增值税专用发票超过3000万张，每张发票的综合成本约10元，年综合成本有3亿元。[①]

① 陈颖，蔡磊．蔡磊：电子专用发票万事俱备 只欠东风［J］．经济，2019，7：104－106。

图 A－3　发票管理综合成本

对于受票企业来说，主要存在流转速度慢、内部审核难、归档存储难等痛点：其一，从开票企业开具发票到受票企业获得发票至少需要 24 小时，纸质专票流转速度慢会影响受票企业正常的报账及付款周期；其二，纸质专票的查验、认证、核算需要耗费大量的人力成本，发票管理效率低且风险高；其三，纸质载体保存传递过程中易丢失毁损，发票归档存储环节的合规性和完整性难以保证，而且多个地方的实物票据集中存储，数量大，管理成本高，借阅困难，也容易因缺乏系统化管理而带来风险（见图 A－4）。

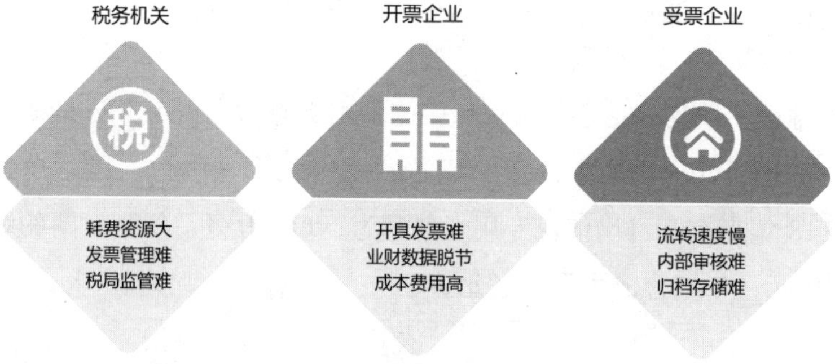

图 A－4　纸质专票存在痛点

（二）政府政策高度支持

发票是国家审计、税务机关执法检查的重要依据，始终受到政府严格重视和监管。随着数字化技术在各行各业快速融合发展，政府也在积极主动地寻求着数字化途径为发票行业带来新的突破，持续解决行业问题，引导行业健康发展。

电子发票的探索之路走了近 8 年的时间。2012 年 2 月，国家发改委等发布的《关于促进电子商务健康快速发展有关工作的通知》中表示，为积极发展电子商务，开展网络（电子）发票应用试点，标志着电子发票正式启航。2013 年，国家财政部印发的《企业会计信息化工作规范》明确了企业内部生成的会计凭证、账簿和辅助性会计资料，在满足一定条件情况下可以不输出纸质资料，为后来将电子会计资料纳入会计档案范围奠定了基础。

2015 年，国家税务总局颁发正式公告，推动增值税电子发票系统开具电子普通发票，明确了增值税电子普通发票的地位，表明其“法律效力、基本用途、基本使用规定等与税务机关监制的增值税普通发票相同”。同年 12 月，国家财政部和国家档案局联合发布的《会计档案管理办法》也明确了满足规定的电子会计资料可仅以电子形式保存。由此，电子发票实际落地应用迈出了关键性一步。

2016 年 3 月，我国首次将“推行电子发票”正式写入“十三五”规划纲要，体现出国家层面对电子发票的积极态度。随后的 2017 年和 2018 年，迎来了电子发票的高速发展阶段。

2019 年 8 月，国务院办公厅印发《国务院办公厅关于经济规范健康发展的指导意见》，明确“2019 年底前建成全国统一的电子发票公共服务平台，为纳税人提供免费的电子发票开具服务，加快电子发票的推广应用。尽快研究推进增值税专用发票电子化”。2019 年 11 月 27 日，李克强总理主持召开的国务院常务会议上明确提出：“明年底前，实现增值税专用发票电子化和主要涉税事项网上办理”。自此，增值税专用发票电子化拉开序幕（见图 A－5）。

图 A－5　电子发票领域相关政策发展

（三）税局端新变化助力

2019 年 3 月，李克强总理在海口考察工作时了解到，虽然当地税务部门提供的电子发票基础服务业务是免费的，但由第三方提供的某些服务依然存在不合理收费的现象①。基于这样的背景，在后续规范电子发票行业的过程中，税局端进行了四项主要的优化改进，这些举措不仅仅从根本上推动了当前增值税电子普通发票行业的健康发展，也为后续推进增值税专用发票电子化赋予了可能性，为发票全面电子化奠定了重要基础。具体优化改进的方面有：

第一，制定颁布了《企业自建和第三方电子发票服务平台建设标准规范》②，明确了电子发票服务平台的业务功能及服务、技术、安全、运维、等保测评等要求，规定了 54 个电子发票服务平台数据交换信息项说明。

① 新闻来源参见中国政府网官方网站：http：//www. gov. cn/zhuanti/20190327lkqzlkc/。

② 规范内容详见国家税务总局网站：http：//www. chinatax. gov. cn/chinatax/n810341/n810755/c5136392/content. html。

第二，将增值税发票选择确认平台升级为增值税发票综合服务平台（见图 A-6），纳税人可以通过已加载税务数字证书的相关设备登录综合服务平台，对进项增值税发票进行选择、确认、签名、查询、认证等操作。

图 A-6　增值税发票综合服务平台界面

第三，上线了电子发票公共服务平台，为纳税人提供免费的电子发票开具、打印、交付、查询等公共服务。推行初期仅向需要开具增值税普通发票（包括纸质发票和电子发票）的新办纳税人提供服务，随着推广进程不断深入，税务机关正在逐渐扩大公共服务平台的应用范围。同时国家税务总局明确表示纳税人通过增值税电子发票公共服务平台开具的增值税电子普通发票属于税务机关监制的发票（见图 A-7），采用电子签名代替发票专用章，其法律效力、基本用途、基本使用规定等与增值税普通发票相同①。

第四，税务总局计划在部分地区先行先试，免费对新办企业发放税务 UKey②，为其提供安全可靠的增值税发票开具基础服务。纳税人免费领

① 国家税务总局．国家税务总局关于增值税发票综合服务平台等事项的公告［EB/OL］．http：//www.chinatax.gov.cn/chinatax/n359/c5142582/content.html，2020-1-8。

② 税务 UKey：公共服务平台的身份认证及信息加密设备。

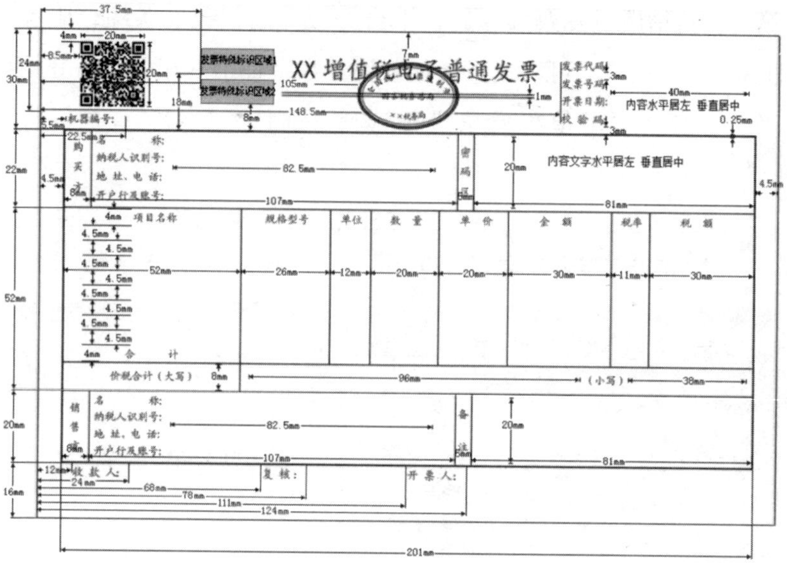

图 A-7　通过电子发票公共服务平台开具的增值税电子普通发票票样

取税务 UKey，安装开票客户端软件后，便无须另行向第三方购买金税盘、税控盘等税控专用设备，即可通过电子发票公共服务平台完成增值税发票的开具[①]（见图 A-8）。

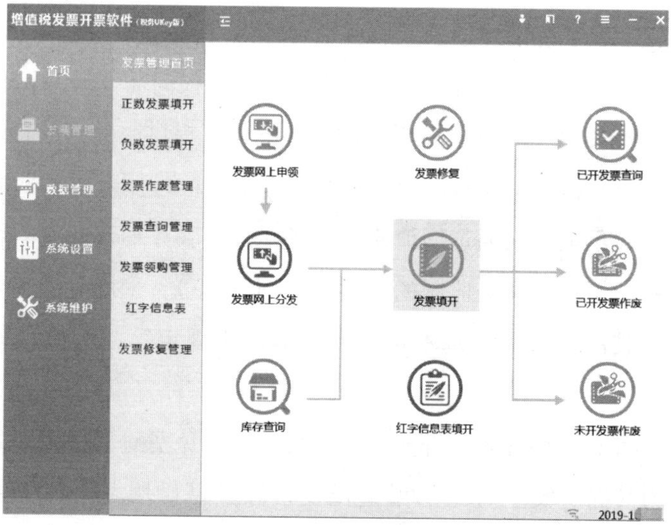

图 A-8　税务 UKey 版开票软件首页界面

① 国家税务总局．国家税务总局“便民办税春风行动”新闻发布会实录［EB/OL］．http://www.chinatax.gov.cn/chinatax/n810219/n810724/c5145194/content.html，2020-2-27。

同时，在 2020 年 2 月，第一项工作有了更实质性的进展。各地税务机关颁布了关于企业自建和第三方电子发票服务平台接入验证工作的公告，明确企业自建和第三方电子发票服务平台选择新版税控服务器作为开票设备的接入验证工作①。税务机关将通过开放局端安全代理接口，为纳税人个性化的发票管理业务场景实现全面数字化扫清障碍。

未来企业可以根据自身情况选择税务 UKey 解决方案、通过新版税控服务器等硬件设备自建电子发票平台或在第三方电子发票服务平台进行托管三种不同的电子发票系统模式。具体三种模式的对比分析如图 A－9 所示。

	税务UKey解决方案	企业自建电子发票平台	第三方电子发票服务平台托管
模式	• 通过免费领取UKey，使用税务局统一的电子发票公共服务平台开具电子发票	• 通过购买新版税控服务器、签名认证服务器等硬件设备，自建电子发票平台	• 与第三方电子发票服务平台进行对接来开具电子发票
优点	• 办理流程简单且成本低，无须新建或升级系统，直接使用税务局统一平台即可完成开票	• 可以个性化定制符合企业自身情况的系统或场景； • 发票数据可以自动化留存在企业内部	• 云端服务，适用于大多数通用场景； • 相较于企业自建的使用成本较低
缺点	• 需要手动处理开票，适用于票量较小的企业	• 对企业的技术能力、信息系统水平以及建设成本要求较高	• 数据需要托管在第三方平台，信息安全保障存在一定挑战

图 A－9　未来企业三种电子发票系统模式对比②

（四）数字技术变革推动

数字化浪潮席卷着全球各行各业，以“大智移云物”为代表的新兴技术正在改变着企业和行业的运作规律③。数字技术变革给予了企业变革的

① 接入验证工作公告参见国家税务总局上海市税务局网站：http：//shanghai. chinatax. gov. cn/tax/xxgk/tzgg/202002/t452333. html。

② 普华永道．增值税专票电子化箭在弦上，蓄势待发［EB/OL］. https：//mp. weixin. qq. com/s/f_WDauKyhyjkNsT5KnselA，2020－3－6。

③ 中兴新云，南京大学智能财务研究院，厦门大学会计学系．财务的自动化　智能化　数字化［R］. 2020。

动力，打破了企业创造价值的传统方式，在日新月异变化的规则面前，企业需要不断前进。“了解数字技术，让数字技术为我所用”成为了企业未来发展的新动能。

增值税专用发票中蕴含着企业重要的“数据宝藏”，企业需要牢牢抓住这些数据信息，不断分析利用，以数据为关键生产要素，在数字化浪潮中站稳脚跟。而大数据、区块链、云计算、云存储等新兴技术为电子专票数据的采集、分析、应用提供了技术土壤和实际保障。每一张小小的发票背后所包含的信息都将会被充分挖掘利用，通过将发票全票面信息汇总统计，实现多维查询、可视化分析展示，为企业提供实时多方位的风险预警和管理决策支持。

三、增值税专票电子化，推动财务数字化转型

增值税专用发票电子化，将实现企业与供应商、客户、员工的紧密关联，打通企业与利益相关者之间的数据传递通道，提高交易处理效率，采集企业真实准确的经营交易数据，对于企业流程的数字化变革有极大的促进作用，推动财务部门向企业的大数据中心转变。

（一）档案管理数字化转变

档案管理是企业对凭证、单据及其附件实行入库分类存储、调阅、管理、销毁等一系列过程的管理。

➢ 传统档案管理流程

传统档案管理流程中，当纸质单据及凭证经过邮递、签收、分理、扫描后，财务人员需要线下手动对档案进行归类编号，并入库归档；对于一些使用电子档案系统的企业则需要将电子单据与实物单据进行关联管理，电子档案中需要记录单据详细信息及实物档案存放位置。当员工有调阅查询档案的需求时，档案管理员线下手动记录档案调阅时间等信息，若异地调阅审查还需要邮寄实物档案；对于使用电子档案系统的企业可在系统中发起调阅申请，并记录调阅信息（见图 A－10）。

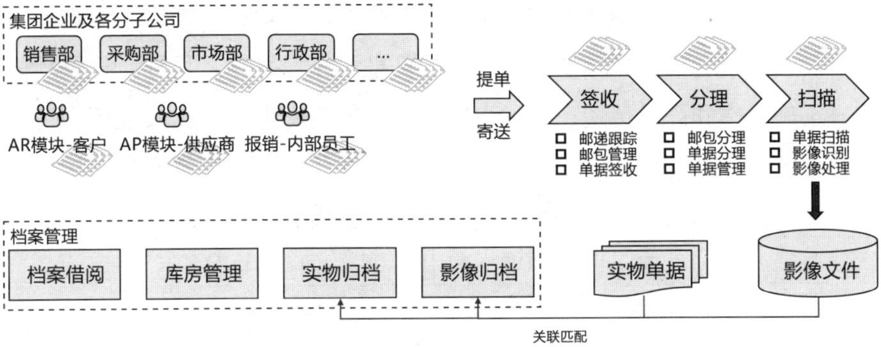

图 A－10　传统电子档案管理流程示例

由于大部分发票仍属于纸质发票的形式，尤其是占据较大比重的增值税专用发票，企业传统的档案管理在影像扫描上传、纸质凭证打印匹配、纸质凭证管理、档案调阅审查和盘点等方面存在如下痛点：

对于跨地域或有财务共享服务中心的企业，原始凭证提交地与核算地分离会导致周转环节多、传递周期长。传递过程中也可能因为缺乏监控而存在丢失风险。

纸质发票需要扫描上传影像以配合财务审核和归档查询。上传方式可分为员工自行拍照上传和通过电子影像系统集中上传，前者增加了报销人员工作量，发票影像合规性和匹配性也较难得到保障；后者则需要购买安装电子影像系统，单独设立扫描岗专门负责扫描上传单据影像，额外增加了人力和系统建设成本。

传统纸质发票归档需要打印纸质记账凭证，财务人员将其与纸质单据一一匹配，增加凭证打印成本，加重财务人员工作负担。

纸质单据归档需要与电子档案关联管理，并上传状态信息，操作麻烦。

当调阅审查要求是原始纸质凭证时，需要调出纸质档案并上传档案状态信息，尤其在异地调阅时需要邮寄档案，线下人工操作耗时，还会增加档案丢失损坏的可能性；同时，纸质档案的盘点工作也带来了额外的人工成本。

➢ 档案管理的数字化流程

电子化的专票不再需要扫描上传发票影像用于审核归档，电子档案系统自动收集来自核算系统和报账系统的信息，完成账簿、凭证、报账单的完整准确采集和高效传递；电子专票可以直接匹配电子单据及凭证，完成凭证管理，自动归档在电子档案系统；再配合线上调阅审查操作，极大地缩减了档案调阅周期，省去纸质专票线下实物流的管理和关联操作，节省档案存储开支，实现了档案管理全程电子化（见图 A－11）。

图 A－11　电子档案管理流程示例

基于《会计档案管理办法》的支持，电子专票将在电子档案系统的支撑下打通专票线上流转“最后一道关卡”，让企业档案成功“瘦身”，实现一键归档、省时省力。作为企业信息资产的智能管理系统，电子档案系统可以帮助企业实现档案管理的全流程无纸化、凭证管理自动化、调阅查询高效化，让企业有机会实现更高的财务和会计信息资产管理价值，助力数字时代企业电子档案管理转型，推动企业业务洞察和管理提升。

（二）数据智能应用

专票电子化之后，不仅仅带来了专票开具、交付、流转的巨大变化，也正在促使企业完成业务流程端到端的打通，充分发挥电子专票的效用。基于以上对各涉税流程的探讨，我们可以畅想或总结一下未来全面电子化后增值税专用发票的应用场景（见图 A－12）。

税务机关：税局端数据服务通过增值税发票综合服务平台或电子发票公共服务平台安全代理接口向全社会提供数据服务，为企业开具发票、查验认证带来极大便利。

企业：销方企业根据自身规划和特点选择企业自建、与第三方平台对接或向税局申领税务 UKey 来完成电子专票的开具。电子发票线上流转至

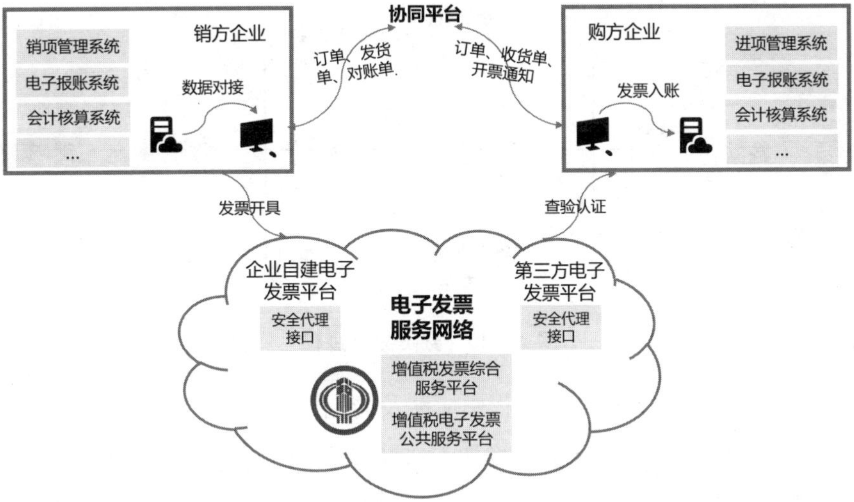

图 A-12　未来增值税电子专票的应用场景示例①

受票企业，购方企业的进项发票管理系统解析电子发票版式文件中的结构化信息，并对接增值税发票综合服务平台进行数据校验和发票认证。完成报账处理后的电子发票自动进入电子会计资料档案库，建立电子档案管理。

当电子专票作为一种“新工具”打通企业与税务机关之间的连接时，企业实现了全线上办税和报账流程，税务机关也能有序推进税务服务与征管数字化进程，整个涉税流程都将实现自动化。业务流程实现自动化后，企业的运营过程将会被凝聚成巨大的数据集，全量的数据采集、全流程的数据融合、全方位的数据智能分析，可以帮助管理者从数据的视角来审查业务流程和决策行为。

新版电子发票将以 OFD 格式向企业提供标准格式和规范的结构化数据，基于结构化的发票数据企业可以更高效准确地完成数据处理、数据建模、数据分析，利用数据深层价值探究企业过去发生了什么、正在发生什么、未来将发生什么，形成信息、知识、情报，最终以可视化的方式展示结果，让企业管理者能客观清晰地透过复杂繁芜的流程看到业务本质，以洞察指导行为，辅助经营决策（见图 A-13）。

① 郭雁．专票电子化对财务管理及财务共享中心发展的影响［EB/OL］．https：//dwz.cn/FTi94Aux，2020-3-8。原图有改动。

数字化时代的采集存储——电子影像&电子档案系统

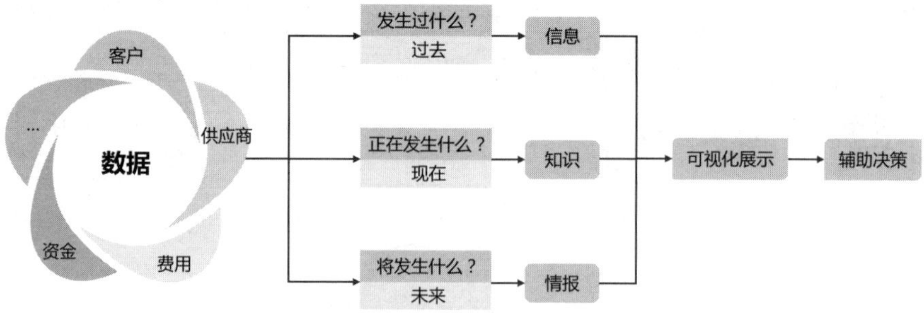

图 A-13　数据分析过程

发票池对企业生产经营过程中所涉及的全类型发票进行集中管理。企业基于发票池中汇集的进销项发票，采集全票面信息，联动内外部数据，获取诸多有价值信息（见图 A-14），多维展示发票状态、订单合同及关联信息，深度分析成本收入、关联交易、利益相关者行为，实现从业务场景的流转到底层数据的追溯和深层数据源头的挖掘，最终达到“从数据到价值”的目标。

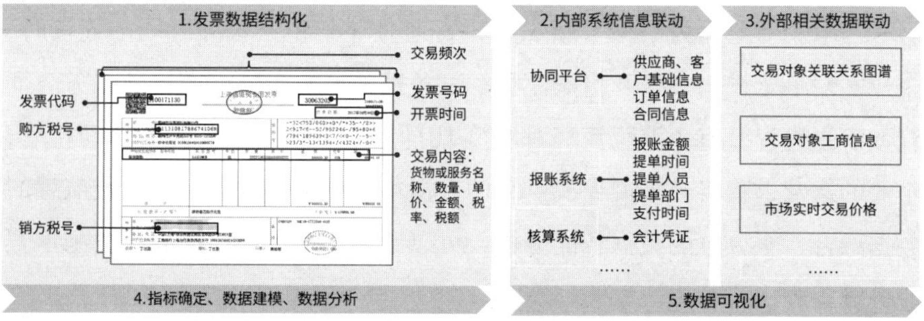

图 A-14　基于专票的数据分析

在挖掘联动内外部数据信息的基础上，利用数字技术可以实现对供应商、客户、员工报销、企业税负情况进行深度探索。

基于销项发票数据，综合历史交易和外部信息，企业可以从分布、变化、对比、预警、预测五个方面智能描绘客户“动态”画像（见图 A-15），建立客户数据库，将客户信息纳入整个公司生态链，精准寻觅高价值客户的特点。结合客户“动态”画像，企业还可以打通“客户、产品、渠道”的匹配关系，根据客户特性及购买习惯，采用智能客户关联数据推送技术，向客户精准推送公司产品、服务、优惠等信息，施行有针对性营销策略，助力实现赋能决策的目标。

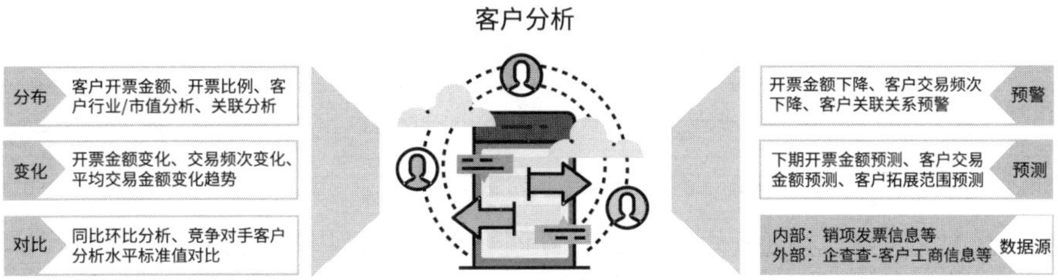

图A－15　客户分析维度

通过对大量的进项发票数据进行智能化的处理分析，并辅以可视化方式，可以向企业管理者直观展示发票汇总分析、交易方信息统计结果。同时通过对以往采购业务进项购买价格、购买类别等同比或环比分析，也能精准预测未来采购价格走向，智能服务采购业务。企业可以进一步完整萃取供应商的“数字画像”，集成供应商的“数字档案”，并建立与供应商关联关系的数据链，形成更高效透明的协同网络，帮助企业在供应链全链条的风险评估、预测、预警等方面做出理性决策。

在数字化费用报销流程中，发票信息将被高效准确采集。基于对发票的审核和对报销行为的分析，可以清晰展示员工对报销制度的遵从性、报销业务的真实合理性、报销发票的合规性。通过系统预置的分析规则，智能识别查验失败、发票错开等异常，实现对费用报销过程中发票合规管控，提升员工报销体验。

基于增值税专用发票的收集汇总以及纳税申报表的整理分析，企业可以直观高效地展示税负金额、税务流程、税收优惠等内容。通过建立一个长期的、围绕数字技术的税务管理计划，可以充分展示税务职能将如何为企业运营带来更好的成本控制和价值提升能力。

（三）对财务共享服务中心的影响

在竞争激烈的市场态势、复杂多变的经营环境、迅猛发展的科技能力下，财务管理模式的创新与变革正在成为企业发展的重要诉求。财务共享服务是财务的“工业化革命”，是企业财务不断标准化、专业化、流程化、信息化和智能化的过程，为企业财务转型提供了先决条件。报告数据显示，2017 年 398 家中国企业中已有 54% 建立了财务共享服务中心①，2019 年 96 家中央企业中也有 50% 已经建立或正在建立财务共享服务中心②，由此可见，共享服务在我国已经进入了蓬勃发展的阶段。

“大智移云物”正在构建了一个紧密联结的智能化世界，数据已成为企业的核心资产。企业需要以共享服务为起点，不断实现智能分析、智能决策、智能风控，向财务数字化的方向转型求变。财务作为企业天然的数据中心，财务的数字化转型也将成为企业数字化转型的必由之路。而专票电子化的出现正在加速这一转变的到来，为财务数字化进程提供“催化剂”。

端到端的业、财、税数据的打通，将为财务共享服务中心的运营优化提供有力的工具，一方面实现了业务流程的数字化转型，另一方面也正在促进共享服务中心的组织人员发生变革。在专票电子化后，财务共享服务中心工作流程的智能化和数字化程度将被大大提升，财务人员将从大量基础重复的事务性劳动中解放出来，企业可以释放更多的人力资源从事更高价值的财务工作，不断向业务财务、战略财务转移，逐步优化企业的财务人员组织架构。

借助专票电子化的东风，企业将有效实现财税层面全业务、全流程的再造，将信息系统的触角向业务前端不断地延伸，在信息系统全线上不落地操作的情况下完成业、财、税数据的实时交互传递和高效智能联通。新兴技术也让企业有能力将采集到的诸多数据转化为强大的引擎助推力，帮助企业从运营、分析、决策、规划等多角度进行布局，数据分析应用能力的优化改进将会把数据的价值最大限度地发挥出来，推动财务成为企业的大数据中心和信息中枢。

在数字化时代，企业财务的发展趋势日益清晰，随着端到端的流程被不断梳理再造，数据信息被不断钻取利用，信息系统被不断打通互联，未

---

① ACCA，中兴新云，通用（GE）全球运营. 2017 中国共享服务调研报告［R］. 2017。

② 中兴新云，西安交通大学，中国会计报. 2019 年中国共享服务领域调研报告——基于中央企业财务共享服务建设情况［R］. 2019。

来财务部门将在共享服务的支持下，实现财务的一次次改革与创新，建立起企业的数字神经网络，利用数据进行管理、决策与创新。

四、增值税专票电子化，掀起企业数字化变革浪潮

世界正在步入一个数字化转型的大变革时代，企业的生产经营活动发生着根本变化，高效的业务流程、互联的交易网络、智能的数据应用都在成为企业转型的重要驱动力。增值税专用发票实现电子化的新模式后，也带来了企业业务流程、数据能力、管理模式的新变革。在新模式、新变革下，企业可以通过电子专票的自动化流转、智能化管理、数字化分析将原始数据转化为数据资产，并通过这些数据去发现价值、验证价值。

在增值税专票电子化的改革面前，企业需要积极做出应对，“以行致胜”：主动了解增值税专票电子化的相关信息和政策法规，结合自身情况考虑专票电子化推广后可能带来的影响，并建立一套科学有效的评测方案，做好前期规划准备工作，选择适合自身发展的电票系统建设方案，并充分利用电子专票的数字化特性，梳理重构整个业务链路。特别地，企业还应该提高数据分析和安全管理能力，安全管理电子发票数据资产，并不断提升数据分析应用能力，实现数据的集成、共享、挖掘、利用，从中发现问题、规避风险、谋求创新。

发票的电子化，不仅是发票信息的电子化，更是企业财税数字化的起点，企业数字化变革的重要基础。

附录 B 《国家税务总局关于在新办纳税人中实行增值税专用发票电子化有关事项的公告》解读

为全面落实《优化营商环境条例》，深化税收领域“放管服”改革，加大推广使用电子发票的力度，国家税务总局制发了《国家税务总局关于在新办纳税人中实行增值税专用发票电子化有关事项的公告》（以下简称《公告》）。现解读如下：

一、在新办纳税人中实行增值税专用发票电子化的背景是什么？

为适应经济社会发展和税收现代化建设需要，国家税务总局自 2015 年起分步推行了增值税电子普通发票（以下简称“电子普票”）。电子普票推行后，因开具便捷、保管便利、查验及时、节约成本等优点，受到越来越多的纳税人欢迎。

为贯彻落实国务院关于加快电子发票推广应用的部署安排，国家税务总局本着积极稳妥的原则，决定采用先在部分地区新设立登记的纳税人（以下简称“新办纳税人”）中实行增值税专用发票电子化（以下简称“专票电子化”），此后逐步扩大地区和纳税人范围的工作策略。一是先在新办纳税人中实行专票电子化，在完善系统、积累经验的基础上，下一步再考虑在其他纳税人中实行专票电子化。二是对于新办纳税人，从 2020 年 9 月 1 日起先逐步在宁波、石家庄和杭州开展专票电子化试点，在此基础上再分两步在全国实行：第一步，自 2020 年 12 月 21 日起，在天津等 11 个地区的新办纳税人中实行专票电子化，受票方范围为全国；第二步，自 2021 年 1 月 21 日起，在北京等 25 个地区的新办纳税人中实行专票电子化，受票方范围为全国。

二、前期已纳入试点的纳税人，开具电子专票的受票方范围有何变化？

根据《公告》和前期试点地区发布的相关政策规定，宁波、石家庄、杭州等 3 个地区已纳入试点的纳税人，开具增值税电子专用发票（以下简称“电子专票”）的受票方范围，在 2020 年 12 月 20 日（含）前仅限于规定地区，自 2020 年 12 月 21 日起扩至全国。上述地区 2020 年 12 月 21 日起实行专票电子化的新办纳税人，开具电子专票的受票方范围为全国。

三、电子专票具备哪些优点？

电子专票属于增值税专用发票，其法律效力、基本用途、基本使用规定等与增值税纸质专用发票（以下简称“纸质专票”）相同。与纸质专票相比，电子专票具有以下几方面优点：

一是发票样式更简洁。电子专票进一步简化发票票面样式，采用电子签名代替原发票专用章，将“货物或应税劳务、服务名称”栏次名称简化为“项目名称”，取消了原“销售方：（章）”栏次，使电子专票的开具更加简便。

二是领用方式更快捷。纳税人可以选择办税服务厅、电子税务局等渠道领用电子专票。通过网上申领方式领用电子专票，纳税人可以实现“即领即用”。

三是远程交付更便利。纳税人可以通过电子邮箱、二维码等方式交付电子专票，与纸质专票现场交付、邮寄交付等方式相比，发票交付的速度更快。

四是财务管理更高效。电子专票属于电子会计凭证，纳税人可以便捷获取数字化的票面明细信息，并据此提升财务管理水平。同时，纳税人可以通过全国增值税发票查验平台（https：//inv - veri. chinatax. gov. cn）下载增值税电子发票版式文件阅读器，查阅电子专票并验证电子签名有效性，降低接收假发票的风险。

五是存储保管更经济。电子专票采用信息化存储方式，与纸质专票相比，无须专门场所存放，也可以大幅降低后续人工管理的成本。此外，纳税人还可以从税务部门提供的免费渠道重新下载电子专票，防范发票丢失和损毁风险。

六是社会效益更显著。电子专票交付快捷，有利于交易双方加快结算速度，缩短回款周期，提升资金使用效率。同时，电子专票的推出，还有利于推动企业财务核算电子化的进一步普及，进而对整个经济社会的数字化建设产生积极影响。

四、电子专票为何采用电子签名代替原纸质发票上的发票专用章?

《中华人民共和国电子签名法》第十四条规定，可靠的电子签名与手写签名或者盖章具有同等的法律效力。为更好适应发票电子化改革需要，电子专票采用电子签名代替原发票专用章，纳税人可以通过全国增值税发票查验平台下载增值税电子发票版式文件阅读器，查阅电子专票并验证电子签名的有效性。

五、在新办纳税人中实行专票电子化，税务部门同步推出了哪些便利纳税人的举措?

税务部门紧紧围绕推进办税缴费便利化改革和提升纳税人获得感，不断优化发票服务方式，以专票电子化为契机，创新推出了五条便利化举措：

一是开票设备免费领取。需要开具增值税纸质普通发票（以下简称“纸质普票”）、电子普票、纸质专票、电子专票、纸质机动车销售统一发票（以下简称“纸质机动车发票”）和纸质二手车销售统一发票（以下简称“纸质二手车发票”）的新办纳税人，统一领取税务 UKey 开具发票。税务机关向新办纳税人免费发放税务 UKey。

二是电子专票免费开具。税务部门依托增值税电子发票公共服务平台，为纳税人提供免费的电子专票开具服务，纳税人通过该平台开具电子专票，无须支付相关费用。

三是首票服务便捷享受。税务部门对首次开具、首次接收电子专票的纳税人实行“首票服务制”，通过线上线下多种方式，帮助纳税人及时全面掌握政策规定和操作要点。

四是发票状态及时告知。税务部门对增值税发票综合服务平台进行了优化升级，纳税人可以通过该平台及时掌握所取得的电子专票领用、开具、用途确认等流转状态以及正常、红冲、异常等管理状态信息。这一举措有助于纳税人全面了解电子专票的全流程信息，减少购销双方信息不对称或滞后而产生的发票涉税风险，有效保障纳税人权益。

五是发票信息批量下载。纳税人可以通过增值税发票综合服务平台，批量下载所取得的纸质普票、电子普票、纸质专票、电子专票、纸质机动车发票和纸质二手车发票等发票的明细信息。这既为纳税人实现报销入账归档电子化提供了完整准确的发票基础数据，也有利于纳税人改进内部管理，防范电子发票重复报销入账风险。此外，发票电子信息的便捷获取和拓展应用，还将有助于纳税人更好地开展财务分析，强化资金和供应链管理，为企业提升经营决策水平提供帮助。

随着专票电子化工作的推进，税务部门还将推出更多创新服务举措，为纳税人提供更便捷、更高效、更舒心的办税体验。

六、实行专票电子化的新办纳税人领取税务 UKey 后，可以开具哪些种类的发票？

实行专票电子化的新办纳税人领取税务 UKey 并核定对应票种后，可以开具纸质普票、电子普票、纸质专票、电子专票、纸质机动车发票和纸质二手车发票。

七、实行专票电子化的新办纳税人在核定电子专票时有什么具体要求？

按照《国家税务总局关于新办纳税人首次申领增值税发票有关事项的公告》（2018 年第 29 号）规定，税务机关为首次申领增值税发票的新办纳税人办理发票票种核定，增值税专用发票最高开票限额不超过 10 万元，每月最高领用数量不超过 25 份。各省税务机关可以在此范围内结合纳税人税收风险程度，自行确定新办纳税人首次申领增值税发票票种核定标准。

电子专票和纸质专票同属增值税专用发票。税务机关核定的增值税专用发票最高开票限额，同时适用于纳税人所领用的电子专票和纸质专票，两者保持一致。实行专票电子化的新办纳税人，可以在税务机关核定的增值税专用发票每月最高领用数量内，根据自身需要分别确定电子专票和纸质专票的领用数量。

实行专票电子化的新办纳税人，在税务机关核定增值税专用发票最高开票限额和领用数量后，可以根据生产经营需要申请“增版增量”。

八、实行专票电子化的新办纳税人领取税务 UKey 后，是不是电子专票和纸质专票都可以开具？

实行专票电子化的新办纳税人领取税务 UKey 后，既可以开具电子专票，也可以开具纸质专票。部分受票方因自身管理需要，可能仍需使用纸质专票，为保障受票方权益，其在索取纸质专票时，开票方应当开具纸质专票。

九、纳税人应当如何开具红字电子专票？

纳税人开具电子专票后，发生销货退回、开票有误、应税服务中止、销售折让等情形，可以开具红字电子专票。相较于红字纸质专票开具流程，纳税人在开具红字电子专票时，无须追回已经开具的蓝字电子专票，具有简便易行好操作的优点。具体来说，开具红字电子专票的流程主要可以分为三个步骤。

第一步是购买方或销售方纳税人在增值税发票管理系统（以下简称“发票管理系统”）中填开《开具红字增值税专用发票信息表》（以下简称《信息表》）。根据购买方是否已将电子专票用于申报抵扣，开具《信息表》的方式分为两类。第一类是购买方开具《信息表》。如果购买方已将电子专票用于申报抵扣，则由购买方在发票管理系统中填开并上传《信息表》，在这种情况下，《信息表》中不需要填写相对应的蓝字电子专票信息。第二类是销售方开具《信息表》。如果购买方未将电子专票用于申报抵扣，则由销售方在发票管理系统中填开并上传《信息表》，在这种情况下，《信息表》中需要填写相对应的蓝字电子专票信息。

第二步是税务机关信息系统自动校验。税务机关通过网络接收纳税人上传的《信息表》，系统自动校验通过后，生成带有“红字发票信息表编号”的《信息表》，并将信息同步至纳税人端系统中。

第三步是销售方纳税人开具红字电子专票。销售方在发票管理系统中查询到已经校验通过的《信息表》后，便可开具红字电子专票。红字电子专票应与《信息表》一一对应。

需要说明的是，对于购买方已将电子专票用于申报抵扣的情形，因购买方开具《信息表》与销售方开具红字电子专票可能存在一定时间差，购买方应当暂依《信息表》所列增值税税额从当期进项税额中转出，待取得销售方开具的红字电子专票后，与《信息表》一并作为记账凭证。

十、纳税人以电子发票报销入账归档的，应当注意哪些事项？

纳税人以电子发票（含电子专票和电子普票）报销入账归档的，应当按照《财政部　国家档案局关于规范电子会计凭证报销入账归档的通知》（财会〔2020〕6 号，以下简称《通知》）的相关规定执行。

第一，纳税人可以根据《通知》第三条的规定，仅使用电子发票进行报销入账归档。

第二，电子发票与纸质发票具有同等法律效力，按照《通知》第五条的规定，纳税人取得的电子发票，可不再另以纸质形式保存。

第三，纳税人如果需要以电子发票的纸质打印件作为报销入账归档依据的，应当根据《通知》第四条的规定，同时保存打印该纸质件的电子发票。

十一、受票方丢失已开具的电子专票后应当如何处理？

受票方如丢失或损毁已开具的电子专票，可以根据发票代码、发票号码、开票日期、开具金额（不含税）等信息，在全国增值税发票查验平台查验通过后，下载电子专票。如不掌握相关信息，也可以向开票方重新索取原电子专票。

附录 C　关于规范电子会计凭证报销入账归档的通知

党中央有关部门财务部门、档案部门，各省、自治区、直辖市、计划单列市财政厅（局）、档案局，新疆生产建设兵团财政局、档案局，国务院各部委财务部门、档案部门，财政部各地监管局，有关人民团体财务部门、档案部门，中央企业财务部门、档案部门：

为适应电子商务、电子政务发展，规范各类电子会计凭证的报销入账归档，根据国家有关法律、行政法规，现就有关事项通知如下：

一、本通知所称电子会计凭证，是指单位从外部接收的电子形式的各类会计凭证，包括电子发票、财政电子票据、电子客票、电子行程单、电子海关专用缴款书、银行电子回单等电子会计凭证。

二、来源合法、真实的电子会计凭证与纸质会计凭证具有同等法律效力。

三、除法律和行政法规另有规定外，同时满足下列条件的，单位可以仅使用电子会计凭证进行报销入账归档：

（一）接收的电子会计凭证经查验合法、真实；

（二）电子会计凭证的传输、存储安全、可靠，对电子会计凭证的任何篡改能够及时被发现；

（三）使用的会计核算系统能够准确、完整、有效接收和读取电子会计凭证及其元数据，能够按照国家统一的会计制度完成会计核算业务，能够按照国家档案行政管理部门规定格式输出电子会计凭证及其元数据，设定了经办、审核、审批等必要的审签程序，且能有效防止电子会计凭证重复入账；

（四）电子会计凭证的归档及管理符合《会计档案管理办法》（财政部国家档案局令第 79 号）等要求。

四、单位以电子会计凭证的纸质打印件作为报销入账归档依据的，必须同时保存打印该纸质件的电子会计凭证。

五、符合档案管理要求的电子会计档案与纸质档案具有同等法律效力。除法律、行政法规另有规定外，电子会计档案可不再另以纸质形式保存。

六、单位和个人在电子会计凭证报销入账归档中存在违反本通知规定行为的，县级以上人民政府财政部门、档案行政管理部门应当依据《中华人民共和国会计法》《中华人民共和国档案法》等有关法律、行政法规处理处罚。

七、本通知由财政部、国家档案局负责解释，并自发布之日起施行。

附录 D　会计档案管理办法

为规范会计档案管理工作，提高会计档案现代化管理水平，财政部、国家档案局对原《会计档案管理办法》（财会字〔1998〕32 号）进行了修订，2015 年 12 月 11 日以财政部、国家档案局令第 79 号发布了新的《会计档案管理办法》，于 2016 年 1 月 1 日起施行。具体内容如下：

第一条　为了加强会计档案管理，有效保护和利用会计档案，根据《中华人民共和国会计法》《中华人民共和国档案法》等有关法律和行政法规，制定本办法。

第二条　国家机关、社会团体、企业、事业单位和其他组织（以下统称单位）管理会计档案适用本办法。

第三条　本办法所称会计档案是指单位在进行会计核算等过程中接收或形成的，记录和反映单位经济业务事项的，具有保存价值的文字、图表等各种形式的会计资料，包括通过计算机等电子设备形成、传输和存储的电子会计档案。

第四条　财政部和国家档案局主管全国会计档案工作，共同制定全国统一的会计档案工作制度，对全国会计档案工作实行监督和指导。

县级以上地方人民政府财政部门和档案行政管理部门管理本行政区域内的会计档案工作，并对本行政区域内会计档案工作实行监督和指导。

第五条　单位应当加强会计档案管理工作，建立和完善会计档案的收集、整理、保管、利用和鉴定销毁等管理制度，采取可靠的安全防护技术和措施，保证会计档案的真实、完整、可用、安全。

单位的档案机构或者档案工作人员所属机构（以下统称单位档案管理机构）负责管理本单位的会计档案。单位也可以委托具备档案管理条件的机构代为管理会计档案。

第六条　下列会计资料应当进行归档：

（一）会计凭证，包括原始凭证、记账凭证；

（二）会计账簿，包括总账、明细账、日记账、固定资产卡片及其他辅助性账簿；

（三）财务会计报告，包括月度、季度、半年度、年度财务会计报告；

（四）其他会计资料，包括银行存款余额调节表、银行对账单、纳税申报表、会计档案移交清册、会计档案保管清册、会计档案销毁清册、会计档案鉴定意见书及其他具有保存价值的会计资料。

第七条　单位可以利用计算机、网络通信等信息技术手段管理会计档案。

第八条　同时满足下列条件的，单位内部形成的属于归档范围的电子会计资料可仅以电子形式保存，形成电子会计档案：

（一）形成的电子会计资料来源真实有效，由计算机等电子设备形成和传输；

（二）使用的会计核算系统能够准确、完整、有效接收和读取电子会计资料，能够输出符合国家标准归档格式的会计凭证、会计账簿、财务会计报表等会计资料，设定了经办、审核、审批等必要的审签程序；

（三）使用的电子档案管理系统能够有效接收、管理、利用电子会计档案，符合电子档案的长期保管要求，并建立了电子会计档案与相关联的其他纸质会计档案的检索关系；

（四）采取有效措施，防止电子会计档案被篡改；

（五）建立电子会计档案备份制度，能够有效防范自然灾害、意外事故和人为破坏的影响；

（六）形成的电子会计资料不属于具有永久保存价值或者其他重要保存价值的会计档案。

第九条　满足本办法第八条规定条件，单位从外部接收的电子会计资料附有符合《中华人民共和国电子签名法》规定的电子签名的，可仅以电子形式归档保存，形成电子会计档案。

第十条　单位的会计机构或会计人员所属机构（以下统称单位会计管理机构）按照归档范围和归档要求，负责定期将应当归档的会计资料整理立卷，编制会计档案保管清册。

第十一条　当年形成的会计档案，在会计年度终了后，可由单位会计管理机构临时保管一年，再移交单位档案管理机构保管。因工作需要确需推迟移交的，应当经单位档案管理机构同意。

单位会计管理机构临时保管会计档案最长不超过三年。临时保管期间，会计档案的保管应当符合国家档案管理的有关规定，且出纳人员不得兼管会计档案。

第十二条　单位会计管理机构在办理会计档案移交时，应当编制会计档案移交清册，并按照国家档案管理的有关规定办理移交手续。

纸质会计档案移交时应当保持原卷的封装。电子会计档案移交时应当将电子会计档案及其元数据一并移交，且文件格式应当符合国家档案管理的有关规定。特殊格式的电子会计档案应当与其读取平台一并移交。

单位档案管理机构接收电子会计档案时，应当对电子会计档案的准确性、完整性、可用性、安全性进行检测，符合要求的才能接收。

第十三条　单位应当严格按照相关制度利用会计档案，在进行会计档案查阅、复制、借出时履行登记手续，严禁篡改和损坏。

单位保存的会计档案一般不得对外借出。确因工作需要且根据国家有关规定必须借出的，应当严格按照规定办理相关手续。

会计档案借用单位应当妥善保管和利用借入的会计档案，确保借入会计档案的安全完整，并在规定时间内归还。

第十四条　会计档案的保管期限分为永久、定期两类。定期保管期限一般分为 10 年和 30 年。

会计档案的保管期限，从会计年度终了后的第一天算起。

第十五条　各类会计档案的保管期限原则上应当按照本办法附表执行，本办法规定的会计档案保管期限为最低保管期限。

单位会计档案的具体名称如有同本办法附表所列档案名称不相符的，应当比照类似档案的保管期限办理。

第十六条　单位应当定期对已到保管期限的会计档案进行鉴定，并形成会计档案鉴定意见书。经鉴定，仍需继续保存的会计档案，应当重新划定保管期限；对保管期满，确无保存价值的会计档案，可以销毁。

第十七条　会计档案鉴定工作应当由单位档案管理机构牵头，组织单位会计、审计、纪检监察等机构或人员共同进行。

第十八条　经鉴定可以销毁的会计档案，应当按照以下程序销毁：

（一）单位档案管理机构编制会计档案销毁清册，列明拟销毁会计档案的名称、卷号、册数、起止年度、档案编号、应保管期限、已保管期限和销毁时间等内容。

（二）单位负责人、档案管理机构负责人、会计管理机构负责人、档案管理机构经办人、会计管理机构经办人在会计档案销毁清册上签署意见。

（三）单位档案管理机构负责组织会计档案销毁工作，并与会计管理机构共同派员监销。监销人在会计档案销毁前，应当按照会计档案销毁清册所列内容进行清点核对；在会计档案销毁后，应当在会计档案销毁清册上签名或盖章。

电子会计档案的销毁还应当符合国家有关电子档案的规定，并由单位档案管理机构、会计管理机构和信息系统管理机构共同派员监销。

第十九条　保管期满但未结清的债权债务会计凭证和涉及其他未了事项的会计凭证不得销毁，纸质会计档案应当单独抽出立卷，电子会计档案单独转存，保管到未了事项完结时为止。

单独抽出立卷或转存的会计档案，应当在会计档案鉴定意见书、会计档案销毁清册和会计档案保管清册中列明。

第二十条　单位因撤销、解散、破产或其他原因而终止的，在终止或办理注销登记手续之前形成的会计档案，按照国家档案管理的有关规定处置。

第二十一条　单位分立后原单位存续的，其会计档案应当由分立后的存续方统一保管，其他方可以查阅、复制与其业务相关的会计档案。

单位分立后原单位解散的，其会计档案应当经各方协商后由其中一方代管或按照国家档案管理的有关规定处置，各方可以查阅、复制与其业务相关的会计档案。

单位分立中未结清的会计事项所涉及的会计凭证，应当单独抽出由业务相关方保存，并按照规定办理交接手续。

单位因业务移交其他单位办理所涉及的会计档案，应当由原单位保管，承接业务单位可以查阅、复制与其业务相关的会计档案。对其中未结清的会计事项所涉及的会计凭证，应当单独抽出由承接业务单位保存，并按照规定办理交接手续。

第二十二条　单位合并后原各单位解散或者一方存续其他方解散的，原各单位的会计档案应当由合并后的单位统一保管。单位合并后原各单位仍存续的，其会计档案仍应当由原各单位保管。

第二十三条　建设单位在项目建设期间形成的会计档案，需要移交给建设项目接受单位的，应当在办理竣工财务决算后及时移交，并按照规定办理交接手续。

第二十四条　单位之间交接会计档案时，交接双方应当办理会计档案交接手续。

移交会计档案的单位，应当编制会计档案移交清册，列明应当移交的会计档案名称、卷号、册数、起止年度、档案编号、应保管期限和已保管期限等内容。

交接会计档案时，交接双方应当按照会计档案移交清册所列内容逐项交接，并由交接双方的单位有关负责人负责监督。交接完毕后，交接双方经办人和监督人应当在会计档案移交清册上签名或盖章。

电子会计档案应当与其元数据一并移交，特殊格式的电子会计档案应当与其读取平台一并移交。档案接受单位应当对保存电子会计档案的载体及其技术环境进行检验，确保所接收电子会计档案的准确、完整、可用和安全。

第二十五条　单位的会计档案及其复制件需要携带、寄运或者传输至境外的，应当按照国家有关规定执行。

第二十六条　单位委托中介机构代理记账的，应当在签订的书面委托合同中，明确会计档案的管理要求及相应责任。

第二十七条　违反本办法规定的单位和个人，由县级以上人民政府财政部门、档案行政管理部门依据《中华人民共和国会计法》《中华人民共和国档案法》等法律法规处理处罚。

第二十八条　预算、计划、制度等文件材料，应当执行文书档案管理规定，不适用本办法。

第二十九条　不具备设立档案机构或配备档案工作人员条件的单位和依法建账的个体工商户，其会计档案的收集、整理、保管、利用和鉴定销毁等参照本办法执行。

第三十条　各省、自治区、直辖市、计划单列市人民政府财政部门、档案行政管理部门，新疆生产建设兵团财务局、档案局，国务院各业务主管部门，中国人民解放军总后勤部，可以根据本办法制定具体实施办法。

第三十一条　本办法由财政部、国家档案局负责解释，自 2016 年 1 月 1 日起施行。1998 年 8 月 21 日财政部、国家档案局发布的《会计档案管理办法》（财会字〔1998〕32 号）同时废止。

附录 E 《会计档案管理办法》解读

一、《会计档案管理办法》的背景

一是适应信息化发展的客观要求。

会计电算化已基本普及、会计电算化迅速发展，客观要求对产生的电子数据直接作为档案进行保存，以实现全面的信息化，提供工作效率。

二是适应档案管理的新规定、新要求。

国家档案部门对档案的保管、档案的鉴定、档案的销毁作出了一系列新的规定。会计档案作为档案的一个重要组成，需要符合新的要求、新的规定。

三是原《管理办法》的一些规定相对滞后或可行性不强，需要予以修订、完善。

二、《会计档案管理办法》的修订过程

从 2012 年开始，财政部、国家档案局陆续组织部分信息化程度较高的企业和地区开展会计档案电子化管理试点工作；2013 ~ 2014 年财政部、国家档案局、国家税务总局、国家发展改革委专门针对电子发票的入账和保管问题多次开展研讨，并组织部分企业和地区开展电子发票及电子会计档案管理综合试点工作。随着试点工作的稳步推进，电子发票相关政策的逐步完善，2014 年财政部、国家档案局着手修订原《管理办法》，形成了《会计档案管理办法（征求意见稿）》，先后于 2014 年 12 月、2015 年 5 月向社会两次公开征求意见，形成了《会计档案管理办法（修订草案）》。2015 年 9 月财政部、国家档案局组织有关专家集中研究讨论《会计档案

管理办法（修订草案)》，最终形成新《管理办法》。

三、《会计档案管理办法》的修订内容

新《会计档案管理办法》分为正文和附表。

正文共31条，对《会计档案管理办法》的制定宗旨、法律依据，会计档案的管理体制、定义和范围，电子会计档案管理要求，会计档案的移交、利用、销毁，会计档案在各单位之间的交接，会计档案出境管理等进行了全面规范。

附表包括《企业和其他组织会计档案保管期限表》和《财政总预算、行政单位、事业单位和税收会计档案保管期限表》，两张表明确了各类会计档案的最低保管期限。

（一）完善了会计档案的定义范围

2015年版本：第三条　本办法所称会计档案是指单位在进行会计核算等过程中接收或形成的，记录和反映单位经济业务事项的，具有保存价值的文字、图表等各种形式的会计资料，包括通过计算机等电子设备形成、传输和存储的电子会计档案。

第六条　下列会计资料应当进行归档：

（一）会计凭证，包括原始凭证、记账凭证；

（二）会计账簿，包括总账、明细账、日记账、固定资产卡片及其他辅助性账簿；

（三）财务会计报告，包括月度、季度、半年度、年度财务会计报告；

（四）其他会计资料，包括银行存款余额调节表、银行对账单、纳税申报表、会计档案移交清册、会计档案保管清册、会计档案销毁清册、会计档案鉴定意见书及其他具有保存价值的会计资料。

新增内容：

1. 纳税申报表，是纳税人依照税务部门指定的格式填写，用以按照税法规定的期限和内容完成纳税申报程序的相关表格，是单位进行税款申报缴纳和会计核算的重要原始凭据，属于具有保存价值的会计资料。原《管理办法》没有单独列明其属于会计档案，在实务操作中，各单位是否

将其作为会计档案管理的做法不统一。新《管理办法》明确将纳税申报表明确列入会计档案范围。

2. 会计档案鉴定意见书，是单位开展会计档案鉴定过程中应当形成，且具有永久保存价值的重要资料，应纳入归档范围。会计档案鉴定意见书无固定格式，但至少应包含以下内容：(1) 被鉴定会计档案所属年度及保管期限、列入销毁档案的数据和主要内容、鉴定的概况；(2) 销毁或延长保管期限档案的主要理由；(3) 需要销毁档案的清册。

（二）规范了电子会计档案的管理

第七条　单位可以利用计算机、网络通信等信息技术手段管理会计档案。

利用计算机、网络通信技术，简而言之，就是将分布在不同地理位置上的具有独立功能的多台计算机或终端及其附属设备，用通信设备和通信线路连接起来，配以相应的档案管理软件，实现档案资源的共享。

在计算机、网络通信技术条件下，会计档案管理工作不再单单局限于传统模式下通过实体档案实现对档案工作的技术性管理，而是前移至文件的形成阶段，逐步实现对会计档案全生命周期的管理。

第八条　同时满足下列条件的，单位内部形成的属于归档范围的电子会计资料可仅以电子形式保存，形成电子会计档案：

（一）形成的电子会计资料来源真实有效，由计算机等电子设备形成和传输；

（二）使用的会计核算系统能够准确、完整、有效接收和读取电子会计资料，能够输出符合国家标准归档格式的会计凭证、会计账簿、财务会计报表等会计资料，设定了经办、审核、审批等必要的审签程序；

（三）使用的电子档案系统能够有效接收、管理、利用电子会计档案，符合电子档案的长期保管要求，并建立了电子会计档案与相关联的其他纸质会计档案的检索关系；

（四）采取有效措施，防止电子会计档案被篡改；

（五）建立电子会计档案备份制度，能够有效防范自然灾害、意外事故和人为破坏的影响；

（六）形成的电子会计资料不属于具有永久保存价值或者其他重要保存价值的会计档案。

第九条 满足本办法第八条规定条件，单位从外部接收的电子会计资料附有符合《中华人民共和国电子签名法》规定的电子签名的，可仅以电子形式归档保存，形成电子会计档案。

第八条及第九条分别对单位内部形成和外部接收的电子会计资料实行无纸化归档进行了规范。

在实务中应用本条规定时，各单位应首先全面梳理和细化本单位属于归档范围的会计资料，再依照本条标准进行衡量，对于符合第八条、第九条规定的电子会计资料可仅以电子形式归档保存，无须转换成纸面形式。

（三）延长了会计档案的保管期限

第十四条 会计档案的保管期限分为永久、定期两类。定期保管期限一般分为 10 年和 30 年。

会计档案的保管期限，从会计年度终了后的第一天算起。

本条对会计档案保管期限定期的设置进行了重新规范。

为便于单位档案的统一管理，并结合会计档案的实际利用需求，本次修订将会计档案的定期保管期限由原 3 年、5 年、10 年、15 年、25 年五类调整为 10 年、30 年两类，并将原附表 1、2 中保管期限为 3 年、5 年、10 年的会计档案统一规定保管期限为 10 年，将保管期限为 15 年、25 年的会计档案统一规定保管期限为 30 年。其中会计凭证、会计账簿等主要会计档案的最低保管期限已延长至 30 年，其他辅助会计资料的最低保管期限延长至 10 年。

第十五条 各类会计档案的保管期限原则上应当按照本办法附表执行，本办法规定的会计档案保管期限为最低保管期限。

单位会计档案的具体名称如有同本办法附表所列档案名称不相符的，应当比照类似档案的保管期限办理。

本条对会计档案保管期限的灵活处置原则进行了规定。

本条是对第十四条的补充。即各单位在划分档案保管期限时，可不限于永久、30 年、10 年三个时间期限，而可根据自身实际需要，划设会计档案的保管期限，但其划设的会计档案保管期限不得低于《管理办法》规定的各类会计档案的保管期限要求。如应划分为永久的会计档案不得定为50年，应划分为30年的会计档案不得定为低于30年的保管期限，但可以定为35年或40年的保管期限。

单位的会计档案如不能与《管理办法》附表中的各类会计档案名称一一对应，可以根据会计档案的使用价值划定保管期限。如具有凭证价值的会计档案应参照凭证类会计档案，最低保管期限为30年。

（四）完善了会计档案的销毁程序

会计档案的销毁是会计档案管理的重要环节，对到期的会计档案进行鉴定是档案销毁的前提和基础。

原《管理办法》规定了会计档案销毁的具体程序，要求“单位负责人在会计档案销毁清册上签署意见”，但未明确销毁前是否开展会计档案的鉴定工作以及鉴定的工作程序和有关具体职责，这在一定程度上将会计档案销毁的最主要责任归于单位负责人。在实际工作中，为避免可能发生的风险，单位负责人往往倾向于不对到期的会计档案进行销毁，致使单位保存了大量远远超过最低保管期限、已失去保存价值且符合销毁条件的会计档案，占据了大量的档案储存空间，造成了一定的资源浪费。因此，新《管理办法》增加了会计档案依据鉴定结果予以销毁的相关规定。

第十六条　单位应当定期对已到保管期限的会计档案进行鉴定，并形成会计档案鉴定意见书。经鉴定，仍需继续保存的会计档案，应当重新划定保管期限；对保管期满，确无保存价值的会计档案，可以销毁。

第十七条　会计档案鉴定工作应当由单位档案管理机构牵头，组织单位会计、审计、纪检监察等机构或人员共同进行。

第十六条、第十七条主要规范已到最低保管期限的会计档案的鉴定工作。

各单位应定期对保管期满的会计档案进行鉴定，并根据鉴定结果，对保管期满的会计档案进行相应的处置。会计档案的鉴定周期、频率可视单位的实际情况而定。如果每年到期档案量不大且库房空间充足，可几年鉴定一次，如果每年到期会计档案量比较大，且库房空间有限，可每年开展一次鉴定工作。

对保管期满的会计档案进行鉴定，应由单位档案管理机构牵头组织，参加人员至少应包括会计管理机构、审计机构等单位内设机构的人员，内部设置纪检监察部门的，应邀请纪检监察部门的人员参加，必要时还应邀请单位法律部门的人员参加。具体鉴定时，可先由档案部门会同会计部门通过逐卷、逐份档案阅读的方法，提出初步的鉴定结论。鉴定结论可以是销毁或继续保存期限。初步鉴定结论提出后，形成初步鉴定意见。

单位应成立由主管领导、相关职能部门、专业技术人员和档案人员组成的档案鉴定委员会（或小组），对初步鉴定意见进行讨论审定，形成正式鉴定意见书。单位档案鉴定委员会（或小组）组成可参照《企业档案管理规范》（DA/T47）的 7.7.1 或《机关档案业务建设规范》（国档发〔1987〕27 号）中 8.2 有关内容。

第十八条　经鉴定可以销毁的会计档案，应当按照以下程序销毁：

（一）单位档案管理机构编制会计档案销毁清册，列明拟销毁会计档案的名称、卷号、册数、起止年度、档案编号、应保管期限、已保管期限和销毁时间等内容。

（二）单位负责人、档案管理机构负责人、会计管理机构负责人、档案管理机构报账人、会计管理机构报账人在会计档案销毁清册上签署意见。

（三）单位档案管理机构负责组织会计档案销毁工作，并与会计管理机构共同派员监销。监销人在会计档案销毁前，应当按照会计档案销毁清册所列内容进行清点核对；在会计档案销毁后，应当在会计档案销毁清册上签名或盖章。

电子会计档案的销毁还应当符合国家有关电子档案的规定，并由单位档案管理机构、会计管理机构和信息系统管理机构共同派员监销。

监销是保证档案销毁工作按照规定程序和要求进行的一项制度安排。

原《管理办法》规定，“销毁会计档案时，应当由单位档案管理机构和会计管理机构共同派员监销。国家机关销毁会计档案时，应当由同级财政部门、审计部门派员参加监销。财政部门销毁会计档案时，应当由同级审计部门派员参加监销”。

但是，会计档案销毁属于单位的内部管理事务，理应由单位自行组织。原《管理办法》关于国家机关销毁会计档案由财政部门、审计部门派员监销的规定，在实践中往往由于相关部门人手紧缺、管理责任不清等原因，既难以真正贯彻落实，又增加了行政管理成本，无法切实发挥监督作用。

新《管理办法》删除了财政部门、审计部门派员监销的规定，同时进一步明确了单位内部组织监销的有关要求，即“单位档案管理机构负责组织会计档案销毁工作，并与会计管理机构共同派员监销。监销人在会计档案销毁前，应当按照会计档案销毁清册所列内容进行清点核对；在会计档案销毁后，应当在会计档案销毁清册上签名或盖章”。

单位在销毁会计档案前，单位档案管理机构或档案工作人员应根据单位档案鉴定委员会（或小组）作出的鉴定意见编制《会计档案销毁清册》，并由相关责任人签字或盖章。

会计档案的销毁工作由单位档案管理机构负责组织，并由单位档案管理机构和会计管理机构共同派员监销。监销人在会计档案销毁前，应当按照会计档案销毁清册所列内容进行清点核对；在会计档案销毁后，应当在《会计档案销毁清册》上签名或盖章。

（五）明确了会计档案的出境要求

第二十五条　单位的会计档案及其复制件需要携带、寄运或者传输至境外的，应当按照国家有关规定执行。

会计档案出境必须符合以下国家有关规定：

1.《中华人民共和国档案法》第十八条规定“属于国家所有的档案和本法第十六条规定的档案以及这些档案的复制件，禁止私自携运出境。”

2.《中华人民共和国保守国家秘密法》第二十五条第五款规定“未经有关主管部门批准，不得携带、传递国家秘密载体出境。”

3.《中华人民共和国档案法实施办法》第十九条规定“各级国家档案馆馆藏的一级档案严禁出境。各级国家档案馆馆藏的二级档案需要出境的，必须经国家档案局审查批准。各级国家档案馆馆藏的三级档案、各级国家档案馆馆藏的一、二、三级档案以外的属于国家所有的档案和属于集体所有、个人所有以及其他不属于国家所有的对国家和社会具有保存价值的或者应当保密的档案及其复制件，各级国家档案馆以及机关、团体、企业事业单位、其他组织和个人需要携带、运输或者邮寄出境的，必须经省、自治区、直辖市人民政府档案行政管理部门审查批准，海关凭批准文件查验放行。”

会计档案出境根据其等级不同，由不同级别的档案行政管理部门审查批准。机关、团体、企业事业单位、其他组织和个人的会计档案需要携带、运输或者邮寄出境的，必须经省、自治区、直辖市人民政府档案行政管理部门审查批准。有关办理方法可参见各地档案行政管理部门有关行政审批事项办理方法。

4.《关于加强在境外发行证券与上市相关保密和档案管理工作的规定》第三条规定“在境外发行证券与上市过程中，境外上市公司向有关证券公司、证券服务机构和境外监管机构提供或者公开披露涉及国家秘密的文件、资料和其他物品的，应当依法报有审批权限的主管部门批准，并报同级保密行政管理部门备案。是否属于国家秘密不明确或者有争议的，应当报有关保密行政管理部门确定。”第四条规定“在境外发行证券与上市过程中，境外上市公司向有关证券公司、证券服务机构和境外监管机构提供或者公开披露涉及国家安全或者重大利益的档案的，应当依法报国家档案局批准。”

各章练习题参考答案

第 1 章

选择题：1. ACD　2. ABD　3. AC　4. BCD　5. AC

判断题：1. 错　2. 错　3. 对　4. 错　5. 错

思考题答案略

第 2 章

选择题：1. AC　2. ABC　3. A　4. ABC　5. CD

判断题：1. 错　2. 错　3. 对　4. 错　5. 对

思考题答案略

第 3 章

选择题：1. ABC　2. ACD　3. AC　4. AB　5. D

判断题：1. 错　2. 错　3. 对　4. 错　5. 错

思考题答案略

第 4 章

选择题：1. ABD　2. ABCD　3. ABD　4. ABD　5. ACD

判断题：1. 对　2. 对　3. 错　4. 对　5. 错

思考题答案略

第 5 章

选择题：1. ACD　2. B　3. ABCD　4. ACD　5. ABD

判断题：1. 错　2. 错　3. 错　4. 错　5. 对

思考题答案略

第 6 章

选择题：1. A　2. ABD　3. ABD　4. ACD　5. CD

判断题：1. 错　2. 错　3. 对　4. 错　5. 对

思考题答案略

参考文献

［1］南京大学智能财务研究课题组．智能财务教程［M］．南京：南京大学出版社，2019.

［2］陈虎，孙彦丛．财务共享服务［M］．北京：中国财政经济出版社，2018.

［3］陈虎，孙彦丛．财务就是IT——企业财务信息系统［M］．北京：中国财政经济出版社，2017.

［4］陈虎，孙彦丛，赵旖旎，等．从新开始——财务共享 财务转型 财务智能化［M］．北京：中国财政经济出版社，2017.

［5］陈虎，陈东升．财务共享服务案例集［M］．北京：中国财政经济出版社，2014.

［6］郭团卫，朱兰兰．企业档案管理实务［M］．郑州：郑州大学出版社，2014.

［7］郭奕，扶冰清，傅若希．信息系统推动财务数字化转型［J］．中国会计报，2019，0322.

［8］郭奕，扶冰清，傅若希，等．建立企业影像资料管理调阅平台［J］．中国会计报，2019，0614.

［9］郭奕，扶冰清，傅若希．打造会计档案全流程数字化管理平台［J］．中国会计报，2019，0705.

［10］陈颖，蔡磊．电子专用发票万事俱备 只欠东风［J］．经济，2019，7：104－106.

［11］陈虎，孙彦丛，常亮．企业财务信息系统的发展与架构［J］．财务与会计，2018，9.

[12] 中兴新云，南京大学智能财务研究院，厦门大学会计学系．财务的自动化 智能化 数字化 [R]. 2020.

[13] 中兴新云．增值税专票电子化——打破财税数字化最后一公里 [R]. 2020.

[14] 中兴新云，西安交通大学，中国会计报．2019 年中国共享服务领域调研报告——基于中央企业财务共享服务建设情况 [R]. 2019.

[15] 艾媒咨询．2019 中国电子发票行业研究报告 [R]. 2019.

[16] ACCA，中兴新云，通用（GE）全球运营．2017 中国共享服务调研报告 [R]. 2017.

[17] DA/T46—2009，文书类电子文件元数据方案 [S]. 北京：中国标准出版社，2009.

[18] DA/T39—2008，会计档案案卷格式 [S]. 北京：中国标准出版社，2008.

[19] 中兴新云财务云. 陈虎：未来的报销 [EB/OL]. https：//7n6. cn/72p2Z.

[20] 中国经济网. 百望股份 CTO 张俭恭：电子发票目前渗透率仅5%，行业大有可为 [EB/OL]. https：//7n6. cn/zeDFR.

[21] 东方网. 专票电子化政策解读及全场景解决方案 [EB/OL]. https：//7n6. cn/IcNoj.

[22] 国家税务总局. 国家税务总局关于增值税发票综合服务平台等事项的公告 [EB/OL]. https：//7n6. cn/Ylawl.

[23] 国家税务总局. 国家税务总局“便民办税春风行动”新闻发布会实录 [EB/OL]. https：//7n6. cn/9Oimv.

[24] 搜狐网. 增值税专票电子化箭在弦上，蓄势待发 [EB/OL]. https：//7n6. cn/unOJK.

[25] 璇玑科技. 专票电子化对财务管理及财务共享中心发展的影响 [EB/OL]. https：//www. imrpa. com/302. html.

[26] 财政部，国家档案局．关于规范电子会计凭证报销入账归档的通知 [Z]. 2020.

[27] 国家档案局. 电子档案单套管理一般要求（征求意见稿）[Z]. 2020.

[28] 财政部.《会计基础工作规范》(2019 年修订) [Z]. 2019.

[29] 国务院. 国务院关于在线政务服务的若干规定 [Z]. 2019.

[30] 国家档案局. 会计档案管理办法 [Z]. 2015.

[31] 财政部. 企业会计信息化工作规范 [Z]. 2014.

[32] 国家发改委，财政部，国家税务总局，国家档案局. 关于组织开展电子发票及电子会计档案综合试点工作的通知 [Z]. 2013.

[33] 国家标准化管理委员. 信息技术，会计核算软件数据接口 [Z]. 2004.

作品知识产权与法律责任声明

《财务共享服务（第二版)》

ISBN：978－7－5095－8271－8

财务转型的必经之路，跨国公司的最佳实践

《财务共享服务（第二版)》展示了未来财务变革与转型的发展趋势，以财务共享服务的理论与实践为主题，详细讲述了财务共享服务的理论、方法，以及可操作的实施方案与实施步骤。完整、详尽地将财务共享服务展现给读者。同时，这本书在全球最佳实践的基础上，总结了多家大型企业财务共享服务中心的建设及运营经验，可以为希望建立或者已经建立共享服务中心的管理者提供理论框架和实践参考。

《财务共享服务案例集》

ISBN：978－7－5095－5545－3

财务最佳实践，共享成功之道

《财务共享服务案例集》既有 GE、IBM、Oracle 等跨国集团在财务共享服务领域的成功经验，也有中兴通讯、中广核、平安集团等中国企业在此领域的思考和践行，中国角度看世界、国际视野看中国，通过汇聚国际化理念及全球企业最佳实践经验，为共享中心的未来发展提供极具价值的借鉴和参考，也为中国企业的财务转型和价值创造提供新的思路。

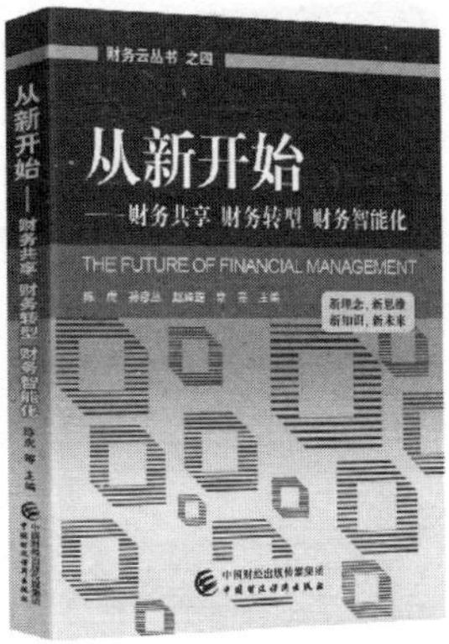

《财务就是 IT——企业财务信息系统》

ISBN：978 -7 -5095 -7400 -3

信息化的财务，智能化的未来

《财务就是 IT》基于全球先进跨国公司的财务信息系统多年设计、使用和优化经验，从企业三大循环（业务循环、管理循环和信息循环）出发，论述了财务循环的主要内容，提出了财务信息系统的整体架构，深入论述业务层、核算层、管理层和决策层的财务信息系统建设、流程和功能框架，涉及二十个财务信息系统，并给出了大量真实的资料和案例，理论结合实践，为读者展示了一幅企业信息化建设的宏图和参考路径。

《从新开始——财务共享 财务转型 财务智能化》

ISBN：978 -7 -5095 -7704 -2

新理念、新思维、新知识、新未来

《从新开始》收录了全球各行各业财务管理者与服务机构的最新研究成果，聚焦财务共享、财务转型、财务智能化，探讨企业在利用财务新模式提高绩效的过程中面临的挑战、问题与潜在机遇，视角独特，力求解读如何顺利实施财务共享，从容应对财务智能化，助力企业实现财务转型。

《财务机器人——RPA 的财务应用》

ISBN：978－7－5095－8709－6

开启第四次会计变革大幕

《财务机器人》基于“大智移云物”的时代背景，描绘了新兴技术对财务的影响，介绍了机器人流程自动化（RPA）技术的原理和特点，并详细阐述了财务机器人的功能、适用的业务场景及流程。同时，本书通过丰富的案例展示了财务机器人在企业中的应用，总结了企业成功实施 RPA 的方法，为企业实现财务流程自动化提供借鉴参考，是一本具备理论、实践和方法论的财务机器人应用书籍。

《全球共享服务》

ISBN：978－7－5095－7856－8

ACCA 全球共享服务证书指定教材

《全球共享服务》融汇了 ACCA 与中兴新云·财务云有关共享的经典理论知识、案例经验和共享调研的最新数据，涵盖了在共享服务中心工作所必备的基础知识——从共享服务的历史背景到行业现状，从流程设计到测量与控制，从关系管理与合规监管到业绩优化与流程改进以及全球共享服务基础财务流程简介——希望帮助财会专业人士扩充知识储备、提升实践能力、拥有未来视野；希望帮助中国企业培养专业人才、引领财务变革、拥有世界级能力。

《智能财务教程》

ISBN：978－7－305－09265－7

南京大学·中兴新云联手打造精品教材

《智能财务教程》为智能财务云 VR 实验室的配套教材，涵盖财务转型与财务再造、财务共享服务、财务流程及信息化相关理念知识，深入解析企业主价值链的业务场景及财务信息系统应用；通过丰富的企业实践案例与创新的课堂互动设计，革新传统会计教学方式与知识体系，帮助学生理解业财一体化流程、财务信息化与智能化应用，感知财务数字化转型趋势。

《数字财务》

ISBN 978－7－302－56293－1

数字决胜未来，财务引领发展

本书旨在探讨数字技术带来的财务革命，系统地阐述了数字财务理论到实践的运作过程，从数字技术对财务的影响分析，到对数字财务目标、职能和风险控制的思考，再到数字财务智能生态系统的创建，最后是数字财务的典型案例和实训平台呈现。适合作为正在转型中的财务人员和高校财会、金融类专业师生们的重要参考教材，同时也是商业精英人士了解数字技术和财务变革的一本有益读物。

《财税 RPA：财税智能化转型实战》

ISBN：978－7－111－66811－4

助力中国企业迈向财税智能化的新未来

这是一本指导财务和税务领域的企业和组织利用 RPA 机器人实现智能化转型的著作。作者基于自身在财税和信息化领域多年的实践经验，从技术原理、应用场景、实施方法论、案例分析 4 个维度详细讲解了 RPA 在财税中的应用，包含大量 RPA 机器人在核算、资金、税务相关业务中的实践案例。帮助企业从容应对技术变革，找到 RPA 技术挑战的破解思路，构建财务智能化转型的落地能力，真正做到“知行合一”。